挑战经理人系列 ④ 《哈佛商业评论》案例研究精选

# 变革遇阻碍，怎么办？

《哈佛商业评论》编辑组 编
杨竹山 译

商务印书馆
2006年·北京

**When Change Comes Undone,**
**What Will You Do?**

Original work copyright © Harvard Business School Publishing Corporation.

Published by arrangement with Harvard Business School Press.

图书在版编目(CIP)数据

变革遇阻碍,怎么办?/《哈佛商业评论》编辑组编;杨竹山译.—北京:商务印书馆,2006

(挑战经理人④《哈佛商业评论》精选)

ISBN 7-100-04785-4

Ⅰ.变… Ⅱ.①哈…②杨… Ⅲ.企业管理—文集 Ⅳ.F270-53

中国版本图书馆 CIP 数据核字(2005)第 132223 号

所有权利保留。
未经许可,不得以任何方式使用。

---

变革遇阻碍,怎么办?
《哈佛商业评论》编辑组 编
杨竹山 译

商 务 印 书 馆 出 版
(北京王府井大街36号 邮政编码 100710)
商 务 印 书 馆 发 行
北京瑞古冠中印刷厂印刷
ISBN 7-100-04785-4/F·596

| | |
|---|---|
| 2006年3月第1版 | 开本 650×1000 1/16 |
| 2006年3月北京第1次印刷 | 印张 12¾ |
| 印数 10 000 册 | |

定价:28.00元

## 商务印书馆—哈佛商学院出版公司经管图书翻译出版咨询委员会

（以姓氏笔画为序）

| | |
|---|---|
| 方晓光 | 盖洛普（中国）咨询有限公司副董事长 |
| 王建铆 | 中欧国际工商学院案例研究中心主任 |
| 卢昌崇 | 东北财经大学工商管理学院院长 |
| 李维安 | 南开大学国际商学院院长 |
| 陈国青 | 清华大学经管学院常务副院长 |
| 陈欣章 | 哈佛商学院出版公司国际部总经理 |
| 忻 榕 | 哈佛《商业评论》首任主编、总策划 |
| 赵曙明 | 南京大学商学院院长 |
| 涂 平 | 北京大学光华管理学院副院长 |
| 徐二明 | 中国人民大学商学院院长 |
| 徐子健 | 对外经济贸易大学副校长 |
| David Goehring | 哈佛商学院出版社社长 |

# 致中国读者

哈佛商学院经管图书简体中文版的出版使我十分高兴。2003年冬天，中国出版界朋友的到访，给我留下十分深刻的印象。当时，我们谈了许多，我向他们全面介绍了哈佛商学院和哈佛商学院出版公司，也安排他们去了我们的课堂。从与他们的交谈中，我了解到中国出版集团旗下的商务印书馆，是一个历史悠久、使命感很强的出版机构。后来，我从我的母亲那里了解到更多的情况。她告诉我，商务印书馆很有名，她在中学、大学里念过的书，大多都是由商务印书馆出版的。联想到与中国出版界朋友们的交流，我对商务印书馆产生了由衷的敬意，并为后来我们达成合作协议、成为战略合作伙伴而深感自豪。

哈佛商学院是一所具有高度使命感的商学院，以培养杰出商界领袖为宗旨。作为哈佛商学院的四大部门之一，哈佛商学院出版公司延续着哈佛商学院的使命，致力于改善管理实践。迄今，我们已出版了大量具有突破性管理理念的图书，我们的许多作者都是世界著名的职业经理人和学者，这些图书在美国乃至全球都已产生了重大影响。我相信这些优秀的管理图书，通过商务印书馆的翻译出版，也会服务于中国的职业经理人和中国的管理实践。

20多年前,我结束了学生生涯,离开哈佛商学院的校园走向社会。哈佛商学院的出版物给了我很多知识和力量,对我的职业生涯产生过许多重要影响。我希望中国的读者也喜欢这些图书,并将从中获取的知识运用于自己的职业发展和管理实践。过去哈佛商学院的出版物曾给了我许多帮助,今天,作为哈佛商学院出版公司的首席执行官,我有一种更强烈的使命感,即出版更多更好的读物,以服务于包括中国读者在内的职业经理人。

在这么短的时间内,翻译出版这一系列图书,不是一件容易的事情。我对所有参与这项翻译出版工作的商务印书馆的工作人员,以及我们的译者,表示诚挚的谢意。没有他们的努力,这一切都是不可能的。

哈佛商学院出版公司总裁兼首席执行官<br><br>万季美

# 目录 CONTENTS

**引言**
　　　　　　　　　　　　　　　　朱莉娅·柯比　001

**案例一　最佳激励计划**
　　　　　　　　　　　　　　　　史蒂文·克尔　015

**案例二　欢迎到任（但是不要改变任何事情）**
　　　　　　　　　　　　　　　埃里克·麦克纳尔蒂　047

**案例三　不能活到老学到老吗？**
　　　　　　　　　　　　　　　黛安娜·L.库图　077

**案例四　自负盈亏的成本中心**
　　　　　　　　　　　　　　　　朱莉娅·柯比　109

**案例五　这次兼并能成功吗？**
　　　　　　　　　　　　　　　　萨拉·克利夫　137

**案例六　他在等什么？**
　　　　　　　　　　　　　　　罗伯特·盖尔福特　171

**案例的作者简介**　　　　　　　　　　　　　196

# 引 言

朱莉娅·柯比

伍德罗·威尔逊（Woodrow Wilson）曾经说过："如果你想树敌，就尝试变革吧。"他是就政治和社会变革的角度说这番话的，不过这些话同样也道出了组织变革的真谛。在世界范围内，几乎所有的企业都在推行变革，所以变革是势在必行的，但是，公司毕竟是由众多个人组成的，这些人拥有各自的既得利益，或至少满足现状，变革势必会影响到他们的既得利益。

几乎所有的资深管理者都会告诉你一段他们初入职场时的故事，那段经历对他们的震撼极大。这些故事多半是他们从商学院毕业后领导的第一个大项目。他们会告诉你，虽然对问题的准确分析并不是一件容易的事情，但深受启发。虽然设计一个无懈可击的方案，设计一个全新的组织构架、信息系统或是进入市场的方法，都是要绞尽脑汁的，但是对人的智慧却极具挑战。让人们为完美的公司策略付出最大努力，仅仅是一厢情愿的美好设想，充其量，也不过是事后诸葛亮。但是，常常事与愿违，计划总会泡汤。

只要有过一次这样的经历，就能获得有关变革的重要教训：务必妥善管理变革。要想一个计划获得成功，执行计划的人必须对它坚信不疑，而且还必须了解如何把完善的计划转化为不同个人的行动和必须履行的责任。

如果吃一堑，才能长一智，那么大多数的公司管理者们要经受更多的历练，才能得到组织变革的所有真谛。与认识变革的重要性相比，要想变革更是难上加难。我们在《哈佛商业评论》上对该主题进行这么多案例研究的原因正在于此。

## 以防万一的建议

《哈佛商业评论》上的案例研究是非常独特的，它适合于探索组织变革所面临的挑战。它通常的模式是提供一个管理上遇见的困境，再由几位专业评论员提出解决问题的建议。通过一个虚构的小故事向人们说明一个管理困境，然后点出人与人之间微妙的情感和人际关系方面的挑战，为商业策略问题做铺垫。通常这些评论员对各自提出的解决方案各执一词，争论不休，不过这才是研究的精髓所在。如果争执各方对该问题的解决方案达成一致意见，那么困境也就不能称其为困境了。

对《哈佛商业评论》的 25 万读者（其中大多数是公

司管理者）来说，这些案例不仅仅是一个个引人入胜的故事，它还给读者们提供施展其管理才能的机会，用他们的智慧与专家们一比高下。一般来说，读者会先读完故事的内容，接着，掩卷思索他们应该给案例中的主人公提出什么样的建议。然后，他们继续看后面的评论，找出与他们看法不谋而合，而且能顿开茅塞的精辟见解。

作为编辑，我们尽量选择那些不仅能启迪思维，而且内容相关的案例主题。因此，在这本书中，我们收集的案例都是关于变革方面的话题，这种变革可能是由新领导人、体制剧变，也可能是新"游戏规则"等因素所引起的变革。换句话说，这些案例讲的是组织变革时所必须面对的问题。

## 面对（新）变革

我们希望你能在本书中发现有见地的建议，有助于你顺利应对变革。那么你该从哪里着手呢？当然，你可以从第一个案例开始，然后按顺序往后看。不过，快速浏览也可以帮助你挑出你最感兴趣，或者与你的组织最相关的主题来阅读。接下来将逐个介绍每个案例的主要议题，并且还提示评论员们是如何评论的。

### 最佳激励计划

史蒂夫·克尔（Steve Kerr）是高盛集团（Goldman Sachs）的首席学习官，通用电气公司（General Electric）领导力开发中心的前任负责人，主要负责管理著名的克罗顿维尔（Crotonvilie）领导力开发中心。他所描述的事件，是他早年担任管理学教授时研究过的真实案例。他指出，许多公司的薪酬方案虽然对达到某些目标有强烈的激励效果，但也会引发意想不到的结果。撰写这个案例时，我们请克尔先生设想有这么一个公司，该公司里的员工都喜欢"与制度玩游戏"，以至于不能创造出新绩效管理制度所要求的数字。设计这套绩效指标的人就是海拉姆·菲力普斯（Hiram Philips），一个梦想扭转公司绩效状况的首席财务官。根据他的统计报表，变革的成效正在显现。但是，公司管理者们和顾客们的看法却与他截然不同。

已经退休的箭牌电气公司（Arrow Electronic）董事会主席斯蒂芬·考夫曼（Stephen Kaufman）先生第一个对这个案例进行评论。他认为，在绩效管理中，有劳才有得。他指出，如果海拉姆能与受改革影响的人进行交流，询问他们的行为如何变化，那么，这个案例中出现的问题就有避免的可能。美世人力资源咨询公司（Mercer Human Resource Consulting）的史蒂文·E.格罗斯（Steven E. Gross）指出，海拉姆的错误在于没有树立起人们为最终目标服务的大局意识,而把工作重点放在了阶段性的目标上。格罗斯的出发点是:在推行改革之前,首先要问一问"为了支持公司,我们对员工如何分工?"接着要问一问"他们为什么到现在还没有行动起来?"有时这种状况是由于缺乏激励,但也不总是如此。美国海军退休中将迪戈·E. 赫尔南德斯(Diego E. Hernández)主张管理层不要只看绩效奖金,应更加注重发挥无形奖励的积极作用。最后,雪佛龙德士古集团(Chevron Texaco)的前任首席学习官巴里·莱斯金(Barry Leskin)先生探讨了如何创造强有力的绩效文化,这个挑战是绩效型领导人的挑选和培养。

**欢迎到任(但是不要改变任何事情)**

这个案例是由埃里克·麦克纳尔蒂(Eric McNulty)提供的。在这个案例中,我们将感受到谢里尔·黑尔斯特罗姆(Cheryl Hailstrom)的失意心情。她是湖畔奇迹玩具公司(Lakeland Wonders)的新任首席执行官。她受聘领导这家公司开拓新的领域但无法让她的生产部经理、设计部主任以及销售部副主任为她大胆的新计划投入心血和创造力。她认为,问题在于公司的所有人过于墨守成规。事实上,公司董事长是一位掌握公司大股份的家族领袖,他提醒她"悠着点,不要急躁,不要把公司搞得四分五裂"。假如她有足够的时间,她也会这么做的。不过,遗憾的是他退休后,他的子孙把他30%的股份卖给了一家风险公司,公司现在的领导层对公司的发展没有耐心,急于求成。

凯思琳·考尔西迪斯(Kathleen Calcidise)是苹果连锁店的副总裁,她在评论中提到了自己的一段亲身经历。她说:"为推动公司文化和绩效改革,我将任务分给几个小组,责成他们认清改革中的障碍,提出新的组织架构、措施和奖励制度。"另一个评论员是执行总裁德布拉·本顿先生(Debra Benton),他建议新的首席执行官与下属之间建立一套相互合作的"工作机制",以防他们破坏她作出的任何决定。另一方面,管理顾问丹·S.科恩(Dan S. Cohen)认为,这个案例中的首席执行官过分自信。他指出,她的改革方式没有与公司的文化协调一致,她需要作一些调整。最后一个评论员是尼娜·阿韦尔萨诺(Nina Aversano),她提到自己早年的一个教训:每个人都会支持他们自己创造的事物。她说:"应该让其他人参与创造的过程,不然就注定要失败。"

## 不能活到老学到老吗?

《哈佛商业评论》高级编辑黛安娜·L.库图(Diane L. Coutu)撰写的案例讲述了一个经营财产险和意外险的保险公司的故事。在这家公司,最有价值的资深职员无法应对产业的网络革命。首席执行官聘用了一批新生代的管理者,向电子商务发动攻势,但不想让公司的老员工们落伍。事实上,他也认为,这些老员工对客户需求的了解对新开发的电子商务大有裨益。为实现他取长补短的组合思想,他用"逆向培训"模式,把公司电子商务高级经理和顶级销售员配对在一起工作,企图以新带老。但是,从一开始,他们俩就争吵不休,一直到这个案例的结尾,首席执行官才明白,这种做法有可能让他失去一个很有价值的员工。

哈佛商学院组织行为学副教授莫妮卡·C.希金斯(Monica C. Higgins)指出,仅仅通过实行自上而下的机械式的培训方案,想成功地推行改革计划是不可能的。只有随着时间的推移,以非正式方式形式的自然组合,这种培训关系才会起作用。如果硬性指派一个人去帮助另一个人,那么这种关系就不会发挥作用。通用电气公司(GE)的总裁兼首席执行官劳埃德·特罗特先生(Lloyd Trotter)说,他的公司巧妙地推行了逆向培训计划,而且通过该计划,他个人也受益匪浅。同样,如果该项计划能重新调整,定位为一种合作手段,如果起用的年轻人和公司的核心价值能同步,那么铁甲公司(Armor Coat)把年长者和年轻人配对学习的方式就能成功。精神病专家史蒂文·卢里亚·阿布隆教授(Steven Luria Ablon)更加强调,不管年长年少,向良师学习都是非常重要的。他指出,在这个案例中,如果这种特殊关系产生作用,那么首席执行官就必须率先垂范,参与其中。参与宝洁公司(Procter & Gamble)逆向培训计划的两位经理，斯图尔特·皮尔逊（Stuart Pearson）和莫汉·莫汉（Mohan Mohan）把这里出现的问题看成是"双方莫大的恐惧和极度不安全感"，而且强调培训关系中彼此尊重的重要性。最后，沃顿商学院（Wharton）的市场营销教授约拉姆·杰里·温德（Yoran Jerry Wind）先生指出，铁甲公司的问题非常严重，因为公司的首席执行官在对公司文化和薪酬制度不作任何改变的情况下，指望通过"安排技术岗位"就能实现一项重大改革。他还指出，把互相视为竞争对手的人置于这种相互培训的关系中，是极为愚蠢的，因为这种关系的基础是相互之间发自内心的信赖。

### 自负盈亏的成本中心

在我为本书提供的案例分析中，是讲让每个人都感到困惑的组织架构的变革。市场营销联络部（Mar-Com）作为公司的一个部门，其开支曾经一度是公司经常性开支的一部分，现在已经变成一个利润中心了。改革背后的逻辑很清晰，看起来是一个双赢的局面。向来接受市场营销联络部服务的传统部门，现在被视为重要客户，还要支付相当于市场行情的费用。这个部门可以自行招聘有才干的员工，而且再也不觉得自己是二等公民了。更有甚者，这个新部门能承揽外面的业务。尽管它周围的部门正在裁员，它却保持着持续增长的势头。真不知道为什么理论上如此完美的事情,会引发如此多的牢骚呢?

　　第一个评论员是丹·洛根(Dan Logan)先生,他把责任归咎于前任部门经理埃里克·帕尔默(Eric Palmer)。他现在的工作重点还是主要让老板满意,而不管客户满意与否。他的思维模式需要从公司总部调整到新成立的部门。这一点,洛根很清楚。作为三联通讯公司(Trinity Communications)的总裁,十年前他就处于同样的境地。那时,新英格兰金融公司(New England Financial)剥离了它的营销部门单独成立为子公司。迈克尔·麦肯尼(Michael Mckenny)现在供职的公司也曾经是一家大公司的成本中心。对他来说,首席执行官汤姆·奥赖利(Tom O'Reilly)没有大力支持自己一手扶持起来的新公司,也同样应该受到责备。但是麦肯尼力促公司保持利润中心与母公司分开经营的做法,并且以自己的亲身经历指出,这么做"使我们保持了活力和竞争力"。企业管理专家马克·P.赖斯(Mark P. Rice)先生认为,这种做法的积极因素大于消极因素。正确的做法是:帕尔默和奥赖利必须公开承认问题的存在,认识到最初的假设就存在错误,并且双方都必须作出让步。只有一个评论员——博思艾伦管理咨询公司(Booz Allen Hamilton)的杰弗里·W.贝内特(Jeffrey W. Bennett)对此提出质疑。他认为,采用利润中心模式并非明智之举。如果把市场营销联络部建成为公司其他业务部门提供服务的"公共服务部门",而不是给外部客户提供服务,就可以避免许多问题的出现。

**这次兼并能成功吗?**

本案例由《哈佛商业评论》高级编辑萨拉·克利夫(Sarah Cliffe)执笔,探究两个大公司兼并后所面临的文化同化方面的挑战。这里提及的两家公司,一家是美国金融业务巨头辛尼根金融公司(Synergon Capital),一家是英国老牌的金融业务公司博尚公司(Beauchamp, Becker & Company)。在兼并博尚公司之前,辛尼根的高管层曾信誓旦旦地许诺,不会干扰这家历史悠久公司的经营业务。但是,在博尚公司没有实现其雄心勃勃的经营目标,不热心向有钱的客户推销辛尼根产品的时候,辛尼根的管理者就不再恪守先前的承诺了。尼克·坎宁安(Nick Cunningham)负责兼并工作。他是辛尼根公司较有思想的管理者之一。他能给这个联合体带来祥和和繁荣吗?

这个案例共有六位评论员参与分析,兼并顾问比尔·保罗(Bill Paul)是第一个评论员。他对同化和整合的划分颇有见地。过去辛尼根公司擅长于消灭小公司的文化,在这里这种做法会带来灾难。J. 布雷德·麦吉(J. Brad McGee)是泰科国际集团(Tyco International)的一位资深副总裁,他根据自己参与多项兼并工作的经验提出了五点行动计划。吉尔·格林撒尔(Jill

Greenthal)是 TCI 和 AT&T 兼并过程中金融投资方面的领军人物。她指出,普遍存在的问题是留住被兼并公司的领导人,并让他们在通过收购获得丰厚的经济收入之后,还能够保持足够的活力。她说,正确的兼并结构有助于他们全身心,投入工作。戴尔·马茨查勒(Dale Matschullat)是纽魏尔公司(Newell Company)的法律顾问,他建议尼克·坎宁安把工作重点放在与博尚公司的首席执行官在预算目标和战略目标上达成一致意见,并放手让他为达到这些目标去独当一面地工作。但是诺华公司(Novartis)的总裁丹尼尔·瓦斯拉(Daniel Vasella)怀疑博尚公司的首席执行官能否按新的母公司的期望去发展公司业务。为实现这个目标,他可能安插一两个辛尼根的人,直接向辛尼根的首席执行官汇报。最后,博思艾伦管理咨询公司的艾伯特·J.维西奥先生(Albert J. Viscio)简要指出,在这次兼并中一直缺少的三个要素:愿景、组织架构和领导者。他认为,两个公司的领导首先就如何让这次兼并增加战略价值,要达成共识。

## 他在等什么?

由罗伯特·盖尔福特(Robert Galford)执笔的这个案例正好与本书的其他案例形成有趣的对比。本案例中的问题不是改革动作太大,而是太小。道格·亚丘比安(Doug Yacubian)任卡普提瓦公司(Captiva Corporation)首任首席运营官(COO)已有近一年的时间。他来公司时声称,要把企业精神和经营纪律带到这个百年老字号公司。但在过去的一年时间里,他几乎没什么行动。卡普提瓦的其他高管成员觉得很迷惑,不知道问题是出在这个新雇用的首席运营官身上,还是在首席执行官身上。作为公司高管层成员之一的辛西娅·斯皮德威尔(Cynthia Speedwell),能不能拿出推动公司前进的方案呢?

波士顿咨询公司(Boston Consulting Group)的津坂美纪(Miki Tsusaka)认为,辛西娅能发挥作用。事实上,她勾勒了一个五点计划。董事会可以用这五点计划把它的老板们拉回到正确的轨道上来。该计划的一个重要组成部分就是,让首席执行官和首席运营官列出一个他们俩共同负责的、切实可行的目标清单,并且向全公司宣传。可是,马克·史密斯(Mark Smith)认为,担子必须落在首席运营官的身上,他必须找到一条增加公司价值的路子。作为美国光辉国际公司(Korn/Ferry International)的常务董事,他认为,这位首席运营官把自己放在一个能力不济的位置上,可能会在事业上栽大跟头。波士顿大学的管理学教授弗雷德·K.福克斯(Fred K. Foulkes)建议,在这种情况下,请一位执行教练也许会有一些帮助。至少,首席运营官要跟老板坦诚交流。乔治·霍尼格(George Hornig)以前是德意志联邦银行(Deutsche Bank)的执行副总裁,他也同意这个观点。他指出,如果公司的二号人物是从外面引进的,最重要是要与首席执行官建立密切的关系。他更多地责怪首席执行官本人没有充分放权。

## 变革是唯一永恒的主题

　　变革如何撕裂一个公司的结构,或者如何冲击管理者的反应方式,有种种可能,仅六个案例当然是无法穷尽的。不过,看完这六个案例,掩卷细想,你会发现自己能自如地应对变革实施过程中碰到的任何挑战。

　　案例分析是锻炼基本管理能力的一种方法,它可以运用于许多情形。通常来说,专业教育是学习如何分析和解决问题。专业教育不仅要学习规则和标准,而且还要培养良好的判断能力。缺乏经验的建筑师通过模拟吸取经验,外科医生在尸体上进行练习操刀,急救人员通过训练锻炼反应能力。同样,对管理人员来说,通过案例分析可以培养能力。毫无疑问,虽然这些案例只能反映真实变革的纷繁复杂,不可能面面俱到,但是,实践才是最好的老师。不过,与经历真正变革,而没有反思其教训相比,认真研读案例分析会学到更多的知识。

　　无论如何,如果你想成为成功的管理者,你就要善于管理变革。彼得·德鲁克(Peter Drucker)说:"社会、社区和家庭都是保守组织。他们努力维持稳定,防止或者至少延缓改革的步伐。但是,后资本主义社会的组织结构却不稳定,因为它的功能是让知识发挥作用,作用于工具、流程、产品以及工作,并作用于知识本身,所以,它必须是不断变化的组织形态。"

当然,必然的结果是管理者工作的不断演进,包括他们服务的市场、供职的组织、手中使用的工具等等,将永不停止地发展变化。但有一样不会变,那就是他们需要越来越善于管理变革。

## 案例一

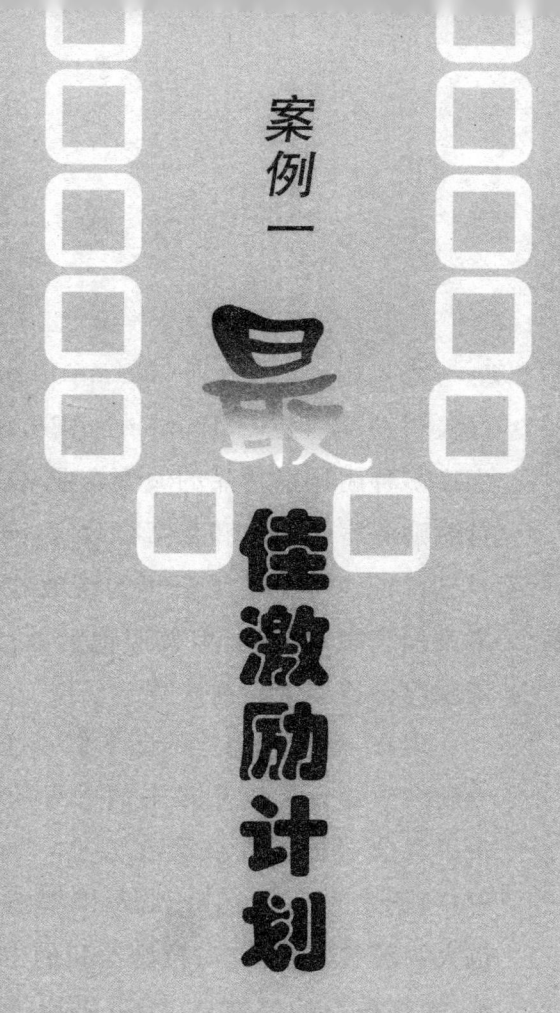

# 最佳激励计划

史蒂文·克尔

## 案例提要

海拉姆·菲力普斯(Hiram Phillips)的心情好极了。雨桶公司(Rainbarrel Products)是一家生产多种耐用消费品的大型企业,作为该公司的首席财务官(CFO)和首席行政官,菲力普斯觉得自己单枪匹马扭转了公司的绩效状况。虽然他来雨桶公司才一年,但按照他的办法,公司的产销状况已得到了飞速改善。

现在,海拉姆与他的同事们一起分享他推行的新绩效管理制度所带来的成果的时刻终于到来了。公司执行委员会在开会,首席执行官基思·兰德尔先生(Keith Randall)对海拉姆的工作也大为褒奖,他说:"海拉姆给我们带来了降低成本、提高效率的好消息,这一切都归功于他一年来设计并推行的改革。"会议开始气氛相当好,但是到了其他与会者开始提问时,全场气氛急转直下。

例如,暴露出来的问题之一是,由于海拉姆推行死板的预算程序,公司产品研发部开发了一个突破性产品,但没能迅速投放市场。同时,调查报告表明,员工们的士气也受到了挫伤。而且,消费者一直在抱怨雨桶公司的服务质量。这些意味着什么呢?这意味着:新的绩效衡量标准和激励计划确实影响了公司的全面绩效,但不全是好的影响。

　　是不是应该重新评价该公司推行的绩效管理制度?下面几位评论员将在这个虚构的案例中提出他们的意见和建议。他们分别是:哈佛商学院高级讲师斯蒂芬·考夫曼,理赔顾问史蒂文·E.格罗斯,退休海军中将、管理顾问迪戈·E.赫尔南德斯以及雪佛龙德士古公司的顾问和前任首席学习官巴里·莱斯金。

海拉姆·菲力普斯照着镜子，打着领结，觉得不满意，拉了拉左边的领结，然后从镜子里看了看手表，正好是上班的时间了。一会儿，他就到了楼下，轻松地吹着口哨，朝咖啡壶走去。

"情绪不错呀，"正在看报纸的太太抬起头，笑着说，"吹的是什么曲子？是流行曲吧？"

"说得对！"海拉姆大声说，"我认为，你在不知不觉地跟随流行文化。"他们俩经常这么开玩笑。她是个受过正规训练的大提琴手，是当地交响乐团的理事。而他自己也收藏了许多辛纳屈（Sinatra）和宾·克罗斯拜（Bing Crosby）的唱片，欣赏歌曲的品位也不俗。他调侃道："你现在听辨曲调的本事越来越大了。"

"或许是你的口哨吹得越来越好了。"她说着抬起头盯着他。两人相视了片刻，就一起唱起："啊—啦—啦。"接着，海拉姆眨眨眼睛，耸耸肩上的雨衣，拿起旅行杯，离开了家门。

## 臃肿却快乐的公司

事实确实如此。海拉姆·菲力普斯是雨桶公司的首席财务官和首席行政官,该公司是一个生产多种耐用消费品的大企业。他的心情特别好。他正要去参加一个只会有好消息的早餐会。当他到办公室的时候,Felding & Company 的萨利·汉密尔顿(Sally Hamilton)和弗兰克·奥蒙迪(Frank Ormondy)毫无疑问早就到了。他们会带来非常重要的数字,这些统计数据将表明他实施业绩管理制度一年来所取得的积极成果。在此之前,海拉姆已经零星地看到过这些数字了。他聘请了几名管理顾问,让他们按照他设想的基准,构建一套衡量绩效的标准体系,而且他也看过了这些顾问准备的种种阶段性报告。今天的会议将是令人难忘的总结,是这一年努力的结果。当他驾车驶入45号公路的茫茫车流时,脑子里还在想着明天将在公司董事会上作的那个激动人心的报告。上午剩下的时间,他将准备这个报告。

报告要介绍的内容再明显不过了,他打算用他一年前来到公司时的那段话作开场白。当时,公司刚刚经历了几个不景气的销售季节,这种不景气不是公司特有的,是一种行业性的不景气。在经历了长达十年的繁荣之后,消费突然下滑,这使整个行业猝不及防,但是,后来的情况迅速表明,雨桶公司应对现实的调整速度,远远不及其最大的竞争对手。

雨桶公司的首席执行官基思·兰德尔先生,作为锐意创新、令人鼓舞的领导者颇有点名气,甚至在业界之外,也享有营销预言家的美誉。但是,在这经济繁荣的十年里,他对公司的管理放松了。

就拿公司的预算编制来说,当他回想起自己第一天上任和雨桶公司的行政人员谈话的情形时,他还面带着笑容。但很快他就发现公司根本就没有严谨的预算。一个部门主管非常坦率地说:"听着,没人会对预算精打细算,认真把关的,因为三四个月过后,就没人再会看它一眼了。"海拉姆无法掩饰内心的震惊,他问道:"为什么会发生这种情况呢?不按预算办那按什么呢?"答案是:他们按一个简单的原则办事:"如果办法好,我们就赞成。如果办法不好,我们就反对。"

海拉姆穷追不舍地问:"那么,如果才过半年就把钱花光了怎么办?"被问的人摸摸下巴,想了一会说:"我想,在我们把钱花光之前,好办法差不多也用尽了。"能说出这样的话,简直令人难以置信!

在一次与猎头公司的人谈话中,海拉姆形容雨桶公司是"一个机构臃肿、日子滋润的公司"。当然,他不会在公司执行委员会上这么说,这种话有贬低公司的味道。事实上,他很快喜欢上了这家公司,以及公司给他提供的机会。这个公司有进一步发展壮大的潜力,但由于缺乏纪律,阻碍了前进的步伐。这好比一匹有潜力成为头马的赛马,但由于缺乏系统的训练,无法成名。也好比一台法拉利引擎,需要专业技术人员的呵护,才能发挥其性能。换句话说,雨桶公司缺少的就是像海拉姆·菲力普斯这样的人所提出的有效的管理方案。新任务将重塑他的职业生涯,这种工作诱惑是无法抗拒的。一年后的现在,他准备宣布一些公司的重大改革。

## 精简但令人尴尬

当海拉姆·菲力普斯驱车来到停车场的入口时,他就看到了在访客停车区里,萨利和弗兰克正在从萨利私家车的行李箱里往外拖笨重的文件包。他在大厅的安检处追上他们,从萨利手中接过一只很沉的背包。

过了一会儿,他们已经坐到会议桌旁边。每人都在仔细阅读由那些顾问们装订好的报告。"太好了,"海拉姆说,"我可以把这些报告里的内容和盘托出。但现在要做的就是,趁你们在这儿,明确一下报告的重点是什么。我只有40分钟的发言时间,我想还要留出10分钟时间给人提问,我不可能面面俱到。"

萨利建议说:"如果我是你,就从最有利的数字开始。我是说,这些数字都不错,说明你几乎达到了每一个预定的目标,但有些你甚至超越了目标……"

海拉姆看着萨利用手指甲划出的线。这是一项突出的业绩:劳动力成本降低了。这是他采取的第一步行动方案,在具体措施上,他也尽力做得温和一些。他想出一个主意，分离出全公司 1/4 绩效最差者，以相当优惠的一揽子计划买断他们。但是，在这个计划不足以吸引员工自愿离职时，他采取了更为可靠的一招。他强制所有部门削减 10% 的管理人员。这样一来，这些人除了拿一份正常的解雇费用，将得不到公司给他们的任何经济补偿。

"这样做就大不一样了，"他点点头，强调说，"但是，严格来说，目前这不是最得人心的做法。"海拉姆心里很明白，目前雨桶公司有相当一部分员工背后称他为"炒鱿鱼专家"。他指着报表上的另一个数字说："看，这个数字倒说明了一个更好的事实：随着生产率的提高，成本降低了。"

弗兰克顺着他的话说："而且服务也更好了。"他们又谈起了雨桶公司客户服务中心的改革。客服中心的电话值班员负责接受订单，并且处理行业厂商和经销商的问题和投诉。目前，报表显示生产率有了很大的提高，每个值班员每天处理的电话量上升了 50%。一年前，每个值班员处理一个电话的时间长达 6 分钟，现在平均不到 4 分钟。弗兰克问："我猜这是由于你采用了新的程控电话，是吧？"

"不是！"海拉姆回答道，"这正是改革计划的精彩之处。我们没有进行任何资本投入，就达到了改进的目的。你知道我们是怎么做的吗？我们只不过宣布了新的绩效目标，让每个人都知道我们将要监督他们，而且我们还把那些工作表现最差的员工的名字贴在餐厅外面的'耻辱墙'上。千万不要低估了同事之间相互监督的巨大作用。"

就在这个时候,萨利用笔在报告上圈出了另一个突出的成绩:准时发货量的增加。她说:"你应该说一说这方面的情况,在你来之前无人管发货是否准时。"

事实确实如此。尽管雨桶公司在它的企业价值观和宗旨表述中强调对顾客的服务,但是没有可靠的尺度来衡量它。确定一个衡量的尺度并不像看上去那么简单,公司里对什么叫"准时",甚至什么才叫"发货"都争吵不休。最终,海拉姆下定决心坚持采用最客观的衡量尺度。"准时"就是合同上承诺发货的时间,只有当货物离开公司所在地才算发货。海拉姆宣布:"我再次强调,解决准时发货还是不增加一个美元的资本投入就达到了目标。我只是想让大家知道,从现在开始,如果他们作出的承诺不能兑现,我们就会作出相应的处理。"

"这一招看来很有效,"萨利说,"前六个月,准时发货的比例稳步上升,现在已经达到92%。"

海拉姆浏览着报告,又注意到一个大的百分比,但想不起来这个缩写代表的意思,他问:"这是什么?看来这个数字不错,成本降低了50%。"

萨利仔细看了看这个项目,说:"噢,这个啊,这个变化其实不大。还记得我们把员工销售产品的提成分开单独处理吗?"这么一讲,海拉姆很快就想起来了。雨桶公司过去有一项政策,允许公司在职员工和退休员工购买本公司的产品,享有较高的折扣,但是为他们服务的销售人员所得的提成不是按实际的折扣价,而是按全价计提的。那么,实际上这种员工内部购买反而增加了提成方面的支出。于是,海拉姆制定了一项新的政策,销售提成直接跟实际的购买价格挂钩。就这个政策本身而言,提成变化并不大,但却提醒海拉姆在会议上他要强调更为重要的一点,那就是直接规则和奖励在追求最大绩效中的重要性。

"我知道,你们这些家伙没有给我提供有影响力的数据,但是我肯定要说说佣金结构和销售奖励方面的变化,毫无疑问会有不同的反应。"

"对,"萨利点头称是,"这是一个'简洁处理'的经典案例,对不对?"她转向弗兰克解释道:"公司原来计算佣金的老办法计算公式相当复杂,我已记不太清公式里包含几个变量了,恐怕至少包含五个不同的变量。"

弗兰克笑着问:"我想公式里面应该包括销售额吧?"

"我现在还不能肯定,"海拉姆回答,"应该包括,严格地说,销售额是唯一重要的单个变量,但他们把它和所有类型的目标变量混为一谈了,包括开发新客户、建立与他们的联系,甚至包括记录流水账。这些变量都很主观,搞得销售人员混淆不清。我现在做到了简捷明了,这样他们就明白自己干了什么活,会得到什么样的报酬,而不必再为此纳闷了。销售竞赛也是如此。现在的规则简化了,谁在销售季度销售出去的产品最多,谁就是赢家,将得到最高的报酬。"

萨利和弗兰克听着,频频点头。海拉姆又继续低头看报告。一排排数字已经清楚证明,雨桶公司的业绩有了长足进步,无法在这些卓越的业绩之外再找出其他的内容来报告了。他请两位顾问对报表再过一下目,自己身子往座位靠背上一仰,听着两位顾问的溢美之词,脸上绽开了笑容。

## 关注的原因

第二天早晨,海拉姆·菲力普斯精神抖擞地大步走进办公大楼,向门卫查利(Charlie)亮了一下他的身份牌,随着人群走进大厅。在等电梯的人群中,有两位雨桶公司的女职员,她们手里都端着杯奶咖,脖子上挂着耳机。其中一个转过身对她的朋友做着鬼脸说:"一到办公桌前,我的心里就发慌。昨天晚上,我刚要离开办公室,就在这个时候收到了一个顾客从沙利文发来的电子邮件。我就知道麻烦大了,都快下班了,但我还是忍不住打开邮件看完了再下班。但是没办法,今天5

点钟之前,无论如何我必须回复这封邮件,不能再有延迟回复的记录了,要不然奖金就要泡汤了。"

她的朋友把背包从肩上拿下来放在地上,在里面找东西,几乎没有听她在讲什么。过了一会她抬起头看着她,漫不经心地说:"不要紧的,他们检查的是你是否在打开邮件后24小时内作出回复。这才是问题的关键。所以就不要打开电子邮件。到你有时间处理的时候再打开它。"

这时,电梯到达的铃声响起了,她们出电梯走了。

## 关注的更多理由

一个小时之后,基思·兰德尔正在打电话安排公司执行委员会的季度会议。他说,首先,执行委员会要听取公司职员年度调查报告,由公司人力资源副总监卢·哈特(Lew Hart)作汇报。接下来是由首席营销官作报告,因为首席执行官希望这个做法在以后的会议中要继续沿用,报告内容是"市场信息快速浏览",即邀请公司的重要客户参加电话会议,而他们事先并没有讨论过会议内容,通过这种方式来收集顾客服务方面的原始数据和想法。基思总结说:"最后,由海拉姆给我们讲讲关于成本下降和运作效率提高的好消息,这些都应归功于他去年一年来设计并极力推行的变革。"

海拉姆点点头,对这种褒奖表示谢意。接下来10分钟会议进行的内容,他几乎没听进去。他在想他该如何汇报,才能最有力地阐述自己报告中的这些要点。卢·哈特从目标、方法和趋势等方面开始汇报他的"调查报告"。他没讲多少时间,海拉姆就走神了。真是糟糕!

后来,卢·哈特讲到了"盲目追求专利数量"的问题,这下才把海拉姆的注意力又拉回到会议主题上。卢的汇报好像已经到了"调查结果"部分了。这时,海拉姆意识到卢在汇报来自雨桶公司研发部门前所未有的消极反应,同时他还引用了员工们写在调查问卷上的意见。卢说道:"另外一个员工这样写道:现在我们高度重视谁获得的专利数目最多,谁的版权最多,谁提出转让计划最多,等等。但是却没有关注我们是不是更有创造力了呢?问题并没有那么简单。"

公司的法律顾问解释说:"你们知道,我最近一直在思索一个问题,那就是我们申请了一大堆专利,而这些专利根本没有商业价值。"

卢继续说道:"问题在于真正使这些人感到沮丧的是他们提出的'X创新'计划。他们都说这是自生产线上出现跨时代的切片面包以来最杰出的产品,但是到现在人们也没有看好他们的发明。"

房间里所有人的目光都转向产品部主任,他马上招架不住了。他说:"在座的各位,我能说什么呢?我们从来没预料到,在这个财年,产品会有这个突破,预算中就没有把它推向市场的这笔资金。"

卢·哈特让炸开锅的会场安静下来,提醒大家他还要公布更多的调查结果。遗憾的是,会场上依然闹哄哄的。公司的在职员工和退休员工都抱怨,当他们想下订单或者想获得公司的产品信息的时候,销售人员的服务态度太差。对公司的解雇政策,员工还有许多意见,这不仅仅是因为在岗员工的工作量增加了。有人提到,因为减少的是员工,而不是成本,经理们倾向于解雇下层员工,这样做没有为公司节约多少开支,反而伤了公司的元气。还有,因为不分青红皂白的裁员计划涉及整个公司,连绩效最好的几个部门也不得不解雇公司最好的员工。另外,其他人还听说了在解雇过程中存在不公平现象。他引用了一个员工的话:"就我所知,我们给绩效差的员工的经济补偿要比绩效好的员工更多。"

接着是来自销售部门的集体抱怨,如"没有学习的榜样"、"缺乏指导"、"没机会向经验丰富的老员工取经"、"财务不透明"等。销售人员以前从来没有像今天这样对他们的职责范围如此不满意,都吵着要到更富有、销售额更高的销售区。一位销售人员如是说:"尽管今年所有销售竞赛中的获胜者都来自于像斯卡斯达尔城(Scarsdale)、萨克汉斯城(Shaker Heights)和贝佛利山庄(Beverly Hills)这些地方,但这说明不了什么问题。"卢就这样结束了他的报告,他承诺将要进一步调查员工士气明显下降的原因,看是不是到了失常的地步。

## 情况不妙

如果公司执行委员会认为在接下来的会议中,他们的心情能好一点的话,那么他们的想法就错了。跟老客户布伦顿兄弟进行市场信息现场交流,简直是活受罪。会议桌中间的麦克风里传来了比利·布伦顿(Bill Brenton)和公司有关部门的三个员工代表的大嗓门,都是清一色的南方口音。

"你们的发货部门出了什么问题?"比利叫道,"我手下的人总是对我说,要想补充库存却总是遥遥无期!"

海拉姆直起身,对着麦克风说:"对不起,布伦顿先生,我是海拉姆·菲力普斯,我相信我们还没有见过面,请问,您是不是说我们没有按承诺的时间给你发货?"

话筒里传出来的不知是咳嗽的声音,还是一声大笑。"对,小伙子,让我说给你听:首先,你说承诺的送货日期不一定就是我们要求送货的日期。只有按照我们的需要发货才对啊,是吗,安妮?"

这个叫安妮的客户说:"是的,布伦顿先生。有时候,有人通知我货物会晚到,或者索性就取消了买卖。我猜这就是他们所谓的承诺日期,但不是我所要求的到货日期。"

比利继续说:"第二,我搞不明白你们所谓的'发货'是什么意思。上个星期二你们告诉我们一个订单已经出货了,结果呢,货物仍然躺在你们工厂对面的铁路上。"

另一个人大声嚷道:"那批订单对我们很重要。我发了一封电子邮件想问问清楚,但到现在也没有得到答复。"海拉姆无话可说,他想起了那天早晨在大厅走廊里听到的对话。对方还在喋喋不休:"我还以为,用电子邮件与你们服务人员联系是最好的解决办法呢!因为每次我打电话来,你们的员工总是急匆匆地挂断电话,有时候我要打两到三个电话才能把问题解决。"

这些客户的电话并没有到此结束,他们又说了公司的几个问题。后来,基思·兰德尔出面重申了雨桶公司对布伦顿兄弟公司的崇高敬意,表达了长期合作是双方的共同利益,这才把话题引向较为积极的方面。同时他也作出了解决问题的承诺,并对如此坦诚的意见反馈表示了衷心的感谢。这时候,海拉姆感觉到同事们的眼光都朝着自己。跟客户的电话交流终于结束了,首席执行官说在下一个议程开始之前,他需要休息一下。

## 吃惊与迷惑

　　海拉姆想跟着他的老板走出会议室,并请老板推迟讨论他的新绩效指标和激励计划。他原本指望大家一起来分享他带来的好消息。何曾想到会议气氛突然变得如此不利呢?不过,他也知道这时提出推迟讨论理由并不充分,而且也不合时宜。毕竟,他有很多证据证明他的改革方向是正确的。刚才管理者们听到的问题都是一些细枝末节的问题,对大局不会产生太大的影响。

　　他走到旁边的桌子,倒了一杯冰水,靠在墙上,整理自己的思路。或许他应该按照公司员工和客户的反馈,重新安排一下他的开场白。正当他在考虑如何去做时,基思·兰德尔出现在他的身边。

　　"海拉姆,看来我们的工作不好做啊!"他说得很平静,也很慈祥,"有些考核标准执行起来是不是太严了?"海拉姆刚要反驳,但他看到了老板眼里严肃的眼光。

　　他拿起 Felding & Company 公司为他准备的一叠报告回到会议桌,说道:"好吧,我想这些材料才是公司执行委员会要讨论的内容。"

雨桶公司是不是应当重新评价一下它的绩效管理制度呢？……

斯蒂芬·P.考夫曼
史蒂文·E.格罗斯
迪戈·E.赫尔南德斯
巴里·莱斯金

## 斯蒂芬·P. 考夫曼

斯蒂芬·P. 考夫曼（Stephen P. Kaufman）刚从箭牌电气公司董事会主席的位置上退下来。他担任该公司的首席执行官长达 14 年。现在是位于波士顿的哈佛商学院的高级讲师。

如果雨桶公司在一个月内就要破产了，由一名力挽狂澜的经理接管，那么，海拉姆所施行的改革就不会引起混乱了，甚至是合情合理的。但是就我自己的看法，在一个周期性销售淡季以及更为激烈的竞争环境中，雨桶公司仅需要加强自身控制压缩成本开支就行了。从这个案例可以看出雨桶公司是一个基本上健康和成功的公司。

但是我敢肯定，作为读者，我们只是看到了海拉姆所引起的一半麻烦。在要求加快发货速度的压力下，仓库的工作可能失误更多，因而，增加了返工的次数和顾客的抱怨。即使每个部门都裁员了，公司可能要雇佣更昂贵的临时工、顾问和业务外包公司。我们甚至不用去猜测，就能知道"耻辱墙"会带来什么后果，像这种侮辱性的做法会把一个努力工作的员工变成一个暗中破坏者。

　　这些麻烦足以教会雨桶公司绩效管理的第一条原则,即只有付出,才能有收获。如果仓库的工作人员因为把箱子摆放整齐而受到表扬,那么即使箱子还没有搞好,他们也会摆放整齐。如果你仅仅根据销售人员的销售额付给他们薪水,结果是销售额增加了,但销售出去的商品价格很低或者承诺了太多的额外服务。我记得在箭牌电气公司发生过的一件事情。当时我们决定按照销售人员接单数付给他们一部分代理佣金,结果是,我们接到了订单,但货发不出去,要不就是货发出去又被退回来了。一位经验丰富的销售人员是这么解释的,这个解释后来我也听说过好多次:"你们制定的规则就是如此,你有政策,我有对策,所以,我们就按这个规则来玩你。"

　　在高层经理们开始介绍新规则之前,最好对这些规则所促动的各种游戏有一个深入的认识。海拉姆恍然大悟,原来公司的客服人员已经有了对付政策的对策,推迟打开有麻烦的邮件。多年之前我也犯了一个同样的错误,要求箭牌电气公司的仓库工作人员必须每天下午4点钟前把当天订单上的货物发运出去。由于订单是从我们的电脑输送到仓库里的打印机的,因此库房工作人员为了实现当天完成发货100%的绩效,每天下午3点钟他们就把打印机的电源插头拔下来了。

所有这些都表明了绩效管理的一个不言而喻的道理：问题出在细微之处。确定正确的工作标准，准确预知员工对标准将作出的反应，是非常难的。如果想知道工作标准是否能达到预期的效果，最好的办法就是和有关员工以及他们的直接主管进行交谈。很显然海拉姆没有做到这一点，他只跟自己身边的人接触。他应该去餐厅，拿着托盘，与雨桶公司的员工们一起吃饭。如果他是我们公司新来的首席财务官，我肯定会跟他说："你应该和仓库主管在一起呆上一个星期，花点时间跟随一个总经理到他主管的部门去看一看，和销售人员一起开车出去跑跑生意。在正式开始工作之前，花上几个月时间真正了解这家公司的情况。"然而，海拉姆对雨桶公司所在的行业及其运作方式一无所知，对公司文化也知之甚少，甚至一无所知。所以，只有了解上述两点，才能知道在目前的状况下，采取什么样的改革措施和设计什么样的改革速度是合适的。

这一点使我想起雨桶公司案例中出现的一个大问题，就是首席执行官在什么位置？基思·兰德尔作为首席执行官严重失职，他给新聘首席财务官的权力太大，职权范围太广，很多根本就不是首席财务官的工作。在我还很小的时候，我的父亲就告诉我："好的判断来自于经验，但遗憾的是，经验往往来自于错误的判断。"一名经理的职业生涯就是从错误中汲取经验教训，然后建立起良好的判断基础。海拉姆如果能认真思考，会从中汲取教训的。他的老板在此之前本来就应当知道如此改革会有如此的结局。

## 史蒂文·E. 格罗斯

史蒂文·E. 格罗斯（Steven E. Gross）负责美世人力资源咨询公司（Mercer Human Resource Consulting）的美国赔偿咨询业务。他住在费城，是一位活跃的劳动报酬问题的著书人和演讲者。

这个案例好的一面是让我们看到一个致力于用绩效考核来衡量员工工作结果的高级管理团队。而问题则在于他们用错误的方法来建立考核标准。结果是为了短期的经营所得而牺牲了公司的长远商业成就。雨桶公司需要的绩效考核应该更多地关注客户而不是公司员工。但是，如果管理层不能成功地帮助员工理解和接受这些考核指标，这些只注重外部因素的考核指标也就发挥不了作用。

从事绩效管理唯一可行的办法是确定成功的标准，而海拉姆似乎省略了这个步骤。什么是最终的目标？销售量？利润？还是维持现状？海拉姆缺乏一个大的目标框架，而仅仅关注中间环节，并且还希望这些努力会对公司低层产生积极影响。这样做的结果就可想而知了。对客服中心的电话处理量进行考评就是一个很好的例子。这是一种顾客服务措施,但这个指标并不能表明顾客满意的程度。他们倒不如问这样一个问题:"顾客的问题是不是一个电话就解决了?"在诸如此类的工作中,只有把员工的聘用期和顾客服务质量密切联系在一起的评价尺度才有意义。平心而论,要想平衡以下几个方面是很难的:如何从公司内部进行客观评价?顾客真正需要什么?又是什么最终为公司创造了价值?

如果我是海拉姆,在我问以下两个基本问题之前,是不会采取任何行动的:第一个问题是"为了让员工们支持公司,我们想要他们做哪些不同于以往的事情?"第二问题是"他们为什么还不这样做呢?"对第二个问题的回答会让人大开眼界。是他们不具有相关的知识或技能?还是他们的工具和设备不够用?还是缺乏动力?如果是动力问题,是不是需要激励他们更加勤奋或更加出色地工作?海拉姆的很多考核指标都是建立在一个假设上,那就是公司员工们的工作不够努力,但大多数公司恰恰并不存在这种情况。在绝大多数公司,我认为人们都想做好工作。有没有人问过仓库的工作人员,为什么订单没有准时送到呢?

没有证据表明海拉姆在设计考核体系的时候,曾经听取过员工方面的意见和建议。我怀疑他制定新计划的特点是以数据报表为主,而不是靠沟通和教育。如果他想让员工接受他的新计划,他的工作就应该更加深入和仔细，不仅仅要告诉员工他们目标是什么，还要应该帮助他们换位思考，让他们真正理解为什么这些目标对公司经营和股东来说意义非同寻常。他推行改革计划就应该像领航员一样，要让员工明白正是由于他们的经验和贡献，改革计划才会日臻完善。

更好的做法就是一开始就向员工解释公司的目标，然后让员工自己决定应该如何实现目标，对他们的工作进展应如何衡量。我记得有一次，我曾经给一位在怀俄明州开矿的客户提供咨询。这家公司的管理层想降低成本，对于涉及成本的各个环节都有鼓励节约的奖励措施。最后，公司发现奖金发得不少，但矿产的收益却没有增加。他们请我们去做调查分析。因为从定量信息中无法确定原因，我们就去怀俄明州获取一些定性的反馈。我们问工人："在过去12个月里，是不是有些工作你是为了奖金才去做的？"答案是，他们为了节约水关掉了水龙头。问题是水流的减少意味着矿石提取物的产量减少了。问题就在这儿，按照降低成本的标准，用水量减少了12%，这是一件大好事，但是生产率下降却造成了利润的锐减。

这是顾此失彼、因小失大的一个经典例子。这家公司由于错误地奖赏短期绩效，却失去了长期收益的大好机会。

## 迪戈·E. 赫尔南德斯

迪戈·E. 赫尔南德斯（Diego E. Hernández）是美国海军的一位退休中将，身兼数家公立和私立公司的管理顾问，还担任多家企业的董事会。他住在佛罗里达州迈阿密湖区。

让我们花点时间来评估一下海拉姆过去一年的工作成绩。在如此短暂的时间内，他通过两次并不周密的裁员计划，在公司中营造出一种捉摸不定和人人自保的氛围。他裁减了工人但并没有减少工作量。在顾客服务、运输和产品研发等方面，他建立了一套错误的评价标准。他束缚了公司新一代销售人员的发展，耽误了一项突破性产品的投产。他在大庭广众之下，公开羞辱公司员工。同时，他也成功地教会了雨桶公司的员工充分利用他们的时间和精力的最好办法——想方设法跟公司的制度巧妙周旋。

不错，我要说海拉姆现在需要重新思考一下他的方法了。

不过，我还要一吐为快。雨桶公司的问题并不是开始于首席财务官和他的绩效评价标准，也不会因他离任而消失。很显然，他对自己所采取的行动对公司造成的负面影响不以为然，他也不是唯一这样做的人。首先是首席执行官，他好像无视他手下的人和他的客户；人力资源副总监说他不知道员工士气明显下降的原因何在；产品部门的主管知道本部门有一项新产品开发没有资金资助，又不向首席执行官提出来；公司的法律顾问也知道，他过目的很多专利并没有商业价值。而且，最根本的问题在于，公司的管理者们对公司的经营情况没有开诚布公地、经常地相互交流看法和意见，对公司经营上的问题视而不见，从来不提出质疑。公司的普通员工不关心公司的利益，难道奇怪吗？其实不奇怪。连公司的领导都不怎么关心，更何况普通员工！

　　有效的绩效管理应该从顺畅的双向交流开始，以确保目标被大家理解和接受，而且，还必须向员工提供多种反馈渠道，以便让员工能够告诉管理者们他们工作中出现的问题。如果高层管理者不了解真实情况，就不能作出好的决策。遗憾的是，雨桶公司的管理者并没有倾听公司员工的心声。

　　关于提高个人工作绩效的问题，我想敦促雨桶公司的管理层不要光用金钱奖励好的绩效，更应该有效运用无形的奖励措施。公众的认同、感谢信或者言词褒奖等等，都可以在很大程度上把个人的注意力吸引到公司的目标上来。运用这样的激励措施是具有相当大的作用的，然而在该公司却没有使用好。

毫无疑问，这种倾向性意见来自于我在海军的经历。美国武装部队的管理者没有权力控制报酬标准，也没有给工作出色的人奖金的权利。但是，我们非常重视任务完成的情况，我们清楚这完全依赖于每个人全身心的投入和付出，但是工资标准还是由国会决定。那我们是如何激励全军将士的呢？我们定下很高的目标，然后简明扼要、不厌其烦地宣讲这些目标。我们费了很大的工夫建立了一套有效的考核指标，并且为他们实现这些目标提供一切条件，帮助他们排除经常出现的障碍。为了做到这一点，我们听取大家的心声，并且利用多种反馈渠道，这样我们就可以听到真实情况。我们建立阶段性目标，并且公开表彰他们所取得的阶段性成就。同样，我们也区别对待，目的是鼓励表现出众的人，淘汰表现不好的人。我们这些做法是一如既往的。终于，我们的队伍对这些目标有了刻骨铭心的认识，一旦实现了这些目标，大家会豪情万丈，激情四射。我可以有把握地说，对于领导者来说，看到手下的人拼命奉献，比什么都高兴。

现在，雨桶公司的管理层正处在截然相反的境地。员工被公司彻底疏远了，原因一言难尽。不过情况好转之前，他们还会重新与公司休戚与共的。管理层的当务之急是创造条件，鼓励员工实现雨桶公司的目标，制定一系列认可成绩和奖励成绩的方法和措施。指标固然是重要的，但关键是好的绩效取决于人的内因。

## 巴里·莱斯金

巴里·莱斯金（Barry Leskin）曾任雪佛龙德士古公司的首席学习官、英国安永会计师事务所（Ernst & Young）的人力资源合伙人、南加州大学马歇尔商学院的管理组织系主任。目前是一位自由顾问。

雨桶公司真是不幸，它要花上很长一段时间才能弥补海拉姆·菲力普斯给公司造成的损失。在短时间内，在制度范围内改善绩效，首席执行官应该尽快采取两项改革策略：一项策略是挑选绩效驱动型的管理者，另一项策略是使绩效文化与公司的战略方向保持一致。

研究表明，在公司从中层到高层这个范围内，表现最优秀的人对公司的效益影响巨大，也就是说，这些精英分子的工作能力比一般员工高出50%以上。这意味着尽早地发现和培养这些杰出贡献者是非常必要的，以保证他们掌握必要的技术，然后把他们安排到高层职位上。这样做或许是建立和维系一个强大绩效文化的最有效的方法之一；反过来，这种绩效文化也会改善公司的绩效水平。

尽管如此，建立一种强有力的绩效文化是不足以改变公司全面绩效的。公司必须把绩效文化、奖励文化和公司战略联系起来。实际上，一个深入人心的战备辅之以一整套奖励活动的支持，其本身就可以向员工发送信号，暗示他们高层经理们真正看重的是什么。即使领导者大张旗鼓地提倡一种行为，但无意中却奖励了另一种行为，也不会产生太大的影响。如果公司的绩效文化与公司战略相互配合，相得益彰，高层管理者坚决奖励他们提倡的行为，那么公司将会获得最大的利益。

虽然选择合适的管理者，并使企业文化与公司战略保持一致，对绩效管理来说至关重要，但有些人认为这是"柔性政策"。对于主要关注结果的管理者来说，它们的重要性被低估了。这种管理者只是一个劲地想用技术手段来解决人的问题，那是有百弊而无一利的。

海拉姆好像就是这种管理者。他在没有仔细考虑成熟，也没有向公司的其他管理者们咨询这些改革会给公司带来什么样的影响的情况下，就匆忙实施变革，引进绩效管理标准。他实际上破坏了公司的经营。当然，首席执行官基思·兰德尔也好不到哪里去，毕竟，是他选择了海拉姆担任首席财务官。通过这次用人，你就会了解他对领导机构改革是如何理解的。他选择高级经理的标准又向员工们传达了什么样的信息？这些信息又是如何影响他的信誉的？

　　在我当顾问和人力资源经理的职业生涯中,我见过许多像雨桶这样的公司,无意中打击了本可以提升公司绩效的员工行为。例如,一家公司的高级经理是这样评测个人绩效和领导艺术的:他们做了一项全方位的问卷调查,题目是"公司领导会让那些签署了绩效合同却又没有履行合同的人,在多大程度上承担责任"。如果在这一项出现高分意味着领导人可能会承担责任,但与"领导有方"关系不大。换句话说,那些承担责任的领导,不一定会被部下和同事认为是有能力的领导。因此,实际上,公司发出的信号表示,公司对人际关系和睦的重视程度超过了对效益的重视程度。

　　很多公司也打压诸如对现状不满、制造麻烦等行为,而这些必要措施对公司绩效来说也是非常必要的。当有这些举动的人竞选高级职位时,常常落选,因为人们认为他们不听话,或者是需要"调教"了。

　　同样不正常的是,大多数公司放弃了按绩效支付工资的做法。这种方案的主旨是区分和提高个人绩效。但是既然员工知道他们的目标奖金就是那么多,而且如果有人拿到了奖金,别人就可能拿不到奖金,那么管理者只要给一名员工多发奖金,就必须处罚一名或多名普通员工,尽管这种处罚不会太重。面对这种结局,管理者们通常默认对每个人实行同样的目标,以免挫伤普通员工的积极性。但这种和稀泥、不分优劣的做法却破坏了以绩效为基础支付工资的所有作用，而且也明显损伤了优秀员工的利益。

在这个问题上我能提供更多的建议，但是我的观点很简单。如果基思·兰德尔挑选了合适的领导者，把一套清晰的目标向众人解释清楚，把公司的绩效文化与战略调整一致，就达到目的了。虽然短期内见效慢一些，但是时间长了效果就会呈指数级增长。

## 案例二 欢迎到任（但是不要改变任何事情）

埃里克·麦克纳尔蒂

**案例提要**

谢里尔·黑尔斯特罗姆（Cheryl Hailstrom）是湖畔奇迹玩具公司的首席执行官。该公司是高档木质玩具的制造企业。她是非斯温森家族（Swensen）担任公司高层的第一人。但对于有着94年历史的老字号企业来说，她并不是一个陌生人。她曾任公司最大客户之一的某公司的首席运营官（COO），并与湖畔奇迹玩具公司一道开发了许多畅销产品。前任首席执行官沃利·斯温森四世（Wally Swensen Ⅳ）选择谢里尔不仅因为她知晓创造利润的秘诀，还因为他相信她有力量、有热情把公司推向新的台阶。

没几天就是她来公司整整六个月的日子了，她应该高兴，但她却开心不起来。到现在为止，为什么她的良好的愿景总是无法实现，这个问题一直都让她困惑不解。她努力工作，率先垂范；忙于穿梭，会见客户；风风火火，限时完成工程计划；动议建立奖励制度。她有一个计划来实现公司董事会的增长目标：突破公司高档玩具的传统市场，与新客户签订玩具独家销售合同，以进军中档消费市场。

问题在于，谢里尔的上级表面上赞成她的决策，但真实情况是行动迟缓，故意拖延。有些人则担心海外生产将有损于公司的品牌,更不用说有利于棘手的行业谈判了。其他人则对与新设计公司的合作阳奉阴违。

  是不是谢里尔改革太多,步子太快?是不是该起用外人快速地实施她所设想的改革,并全面检查湖畔奇迹玩具公司的企业文化?还是她应该与现在的团队继续合作下去?苹果连锁店的凯思琳·考尔西迪斯、执行总裁德布拉·本顿、《改革之心》(The Heart of Change)的合著人丹·S.科恩、咨询顾问尼娜·阿韦尔萨诺等评论员就这个案例给出了他们的见解。

谢里尔·黑尔斯特罗姆在前往高级运营副主席马克·道森（Mark Dawson）办公室的途中，她看了看手表，时间是下午6点30分，但大楼里好像已经没有多少人了。她一路走一路小声地自言自语："如果我们想在21世纪实现既定目标，这种现象也要改变。"她心事重重，手中的报告沉甸甸的，这是马克准备的产品战略。很显然，马克不愿意疾速推动改革，实现她的宏伟构想，甚至他也不太理解她的构想，更不要说全盘接受、为之付注心血了。但是她已经等了很长时间了，现在已经到了直言相告的时候了，如果他现在还没有像其他人一样关门回家就好了。

谢里尔担任湖畔奇迹玩具公司的首席执行官就快满六个月了。该公司是一个高档木质玩具的制造商，它在明尼苏达州有三个工厂，近5000名员工。沃特·斯温森四世准备退休了，他的孩子中间没有一个人愿意接管公司，她是从这个家族之外被引入公司高层的第一人。不过，她也不是一个彻头彻尾的外来者。她早先在担任该公司最大的客户——儿童用品公司（Kids & Company）的业务总经理，然后是首席运营官的时候，就开始与这个湖畔公司打交道了。儿童用品公司是位于芝加哥的高档儿童消费连锁店。谢里尔与湖畔奇迹玩具公司一道开发了系列新产品,儿童用品公司独家销售了六个月,后来大部产品都成了热卖品。

在谢里尔的带领下,儿童用品公司从一个很小的地区连锁店发展成一个拥有150家分店的全国连锁店,因此谢里尔现在远近闻名。她精力充沛,激情四射,极富感染力。她好像总是比市场先行一步。最重要的是对如何产生利润,她有自己的独到见解。斯温森把她看成是自己当之无愧的接班人,花了好几个月的时间说服她来执辔领军。他希望湖畔公司能发展壮大,他深信谢里尔会把这个有94年历史的老字号公司推向新的台阶。毕竟,不管怎么说,即使他交权退休了,但他在公司里所持的股份仍然是他和他的家庭财富的首要来源。

在去马克办公室的路上,她还在想为什么她为公司设计的推广计划似乎无法推行。她极尽全力身先士卒,不辞辛苦连续拜访客户,严格要求限时完成新项目,为缩短产销周期向工会提出奖励方案。但是销售人员仍动作缓慢,她不在场时,他们主动给客户打电话的次数没增加多少。工会对她的奖励方案也反应冷淡。他们说,如果谢里尔同意每天加第三班,那么他们会非常乐意生产出更多产品的。马克关于境外生产的消极报告就是一个最新的制肘之举。这帮经理们对她的计划表面上点头称是,但却一直寻找种种貌似有理的借口,要求步子慢一点,不过心里清楚他们应该更快一些。

她走进马克的办公室,马克正在关电脑。她问:"能耽误你一会儿时间吗?"

马克无奈地将身子又靠向大板椅,说:"当然可以,老板。"马克身材魁梧,长着一副娃娃脸。她在儿童用品公司的时候,马克就和她一起合作把产品样品转化为新产品。那时,他应付自如,好像总能找到新路子,即能加快玩具生产速度,又能不牺牲产品质量,这让湖畔公司的产品有一种特别之处。

谢里尔把报告摔在他的桌子上,说:"马克,这个事情不是这样的。靶心连锁公司(Bull's-Eye Stores)正在找一个木质玩具生产厂家,他们希望我们来生产。我知道每个人都认为我发疯了,但是如果我们能建立海外生产点,在儿童节到来之前将货运到,那么我们就能够满足他们的定价要求。"

马克说:"我也知道,但是……"

"好了,马克。你在公司工作都25年多了,管理生产也有12年了吧?"

他纠正她的话道:"是14年了。"

"看,都14年了。所以你应该比其他人更清楚,海外生产是这个行业未来的发展趋势。如果我们真想使公司发展壮大,那我们就应该不拘泥于高档玩具市场,进军中档玩具市场。而本土的工厂成本太高了,我们无法实现这个目标。"她点点报告的封面,接着说:"但是你的报告说,海外行动至少应该推迟一年。你我都清楚,这意味着我们将失去靶心公司的这笔买卖。"

"谢里尔,我知道你的想法。但是我们不能马上跳上飞机,飞到中国,明天就在那里开工厂。那样我们会脱离我们的工会。更有甚者,那样会使我们这里的工作重点转移。"

"马克,我们没必要重新建厂。你知道,我们可以让别的工厂加工啊。这是获得靶心公司合同的唯一办法。就我看来,合同也是我们实现董事会发展目标的唯一途径。"谢里尔边说,边在他的办公桌前踱来踱去,"我让你给儿童用品公司的塞西尔(Cecil)打电话,你打了吗?他负责给中国、印度尼西亚和菲律宾地区这些产品的外包业务。"

马克低声说:"刚刚打过。但是我最关心的是工会,谢里尔。九个月来,我们的合同是不断攀升的。但你肯定不想在实行海外生产的同时,陷入跟工会的谈判之中吧。"

"我们讨论的不是在明尼苏达州裁减员工。该死的,你还听不明白,我们是在增加生产量。"

"你知道,我是从底层一步一步爬上来的,所以我理解工会的看法。相信我吧,他们不会跟你有相同看法的。他们会认为这是把所有产品外包的第一步。说实话,我不能责备他们。"

"你根本没有理会我的意思。为了实现我们的目标,我们必须与靶心公司绑在一起。如果我们失去这个合同,那就不只是我们工作不力的问题了。继续努力吧,作好准备,明天的会议上再谈。"然后,她接着说:"马克,话说回来,我对你还是充满信心的。我们会干好的。"她走的时候,给了马克一个鼓舞人心的微笑。

> 这里的每个人都在慢条斯理地工作着,他们已经习惯于墨守成规了。

把车从停车场开出来的时候,谢里尔又想起了今天早些时候的一个电话。芝加哥桑普森设计行的帕特·桑普森(Pat Sampsen)打电话给她说,他拿到了两项包装设计大奖。两项大奖都是为儿童用品公司产品设计的,这还是她牵的头。当他告诉她说,他没有收到湖畔奇迹玩具公司设计主任巴里·奎因斯(Barry Quince)的回信的时候,都有点如坠云雾里了。两个星期前,她就让巴里给帕特打电话了。她坚信巴里使用的本地设计行是设计不出什么有特色的产品的。她让他考虑像桑普森这样的大设计行。

她真搞不清楚:"为什么这里的人会像小脚老太太走路一样,办事磨磨蹭蹭?我的生产主管不愿意开拓海外生产渠道,我的设计主任在保护他的设计小作坊。从刚来公司的第一个星期开始,我就一直努力让采购人员着眼于固定卖主,采办核心部件,但是他们会认为这是我让他们砍掉自己的手。这里的每个人都在慢条斯理地工作着,他们已经习惯于墨守成规了。"

她想:"也许我得换换新鲜血液了。假如我能让帕特设计我们的包装和营销材料,让儿童用品公司的塞西尔主管我们的海外生产业务,这样我就可以去应付其他事情了。"车离开主路拐进她家私人车道的时候,她心里觉得稍微乐观了一些。

## 标 出 航 路

第二天11点30分,谢里尔和她的管理团队在会议室开会。这个地方曾经是几任首席执行官的办公室,但谢里尔到董事会工作的时候,她在楼层中央选了一间办公室,把这个角落里的办公室改成了一间会议室。她认为这一举动有象征意义,它向人们表明,一切将有所改革,她就想处于这个风口浪尖之上。

马克坐在圆桌边,周围坐的是营销部的伊莱恩·斯潘塞(Elaine Spenser)、销售部的杰里·西里斯特罗(Jerry Silistro)和首席财务官内德·霍内斯特尔(Ned Honester)。

谢里尔开始讲话:"我就开门见山了,我请大家考虑一下我关于进军中档市场的想法,这次靶心公司的合同就是一宗大买卖,我们可以从这笔业务开始起步。作为公司的高管层,你们每个人的作用都非常关键。就如何开展我们的业务,我很想听听大家的想法。伊莱恩,你先说说如何?"

伊莱恩报告了谢里尔已经知道的情况:调查表明非电子玩具市场中只有中档消费呈两位数增长。消费者一般在大的连锁店如靶心连锁公司的连锁店购物消费,而不是在专卖店。

"所以,"她总结说,"我认为我们可以为中档市场投放一条低价产品生产线,生产的产品有所区别,这样也不会和我们的现状冲突。"

"好极了,伊莱恩。"谢里尔让她第一个发言,是因为伊莱恩有开发新项目的激情。谢里尔心里明白,要想大家就她的构想达到一致意见,形成势头是至关重要的。

伊莱恩说:"还有一点,谢里尔。"

"哦?"

"我不想忽视商标问题。我们运出的每件货物,还有送货卡车上面都印着'美国手工艺精品'。我们对所传递的信息要非常慎重,必须在广告上投入更多。如果人们认为我们不再是美国公司,那就非常不利了,我们不想面对如此强烈的反应。"

"如果有恰当的资源,你能处理这样的问题吗?"

"这不成问题。我会给我们的广告公司烧把火,给他们施加压力。我会让巴里拿出新的包装思路。"

"好。这回给巴里一个机会。让他给桑普森设计行打电话吧。"

"巴里会想这对当地的设计师们来说,是一件很搞笑的事情。"

"我想他们能搞出世界水平的包装才搞笑呢,"谢里尔说着冲伊莱恩微微点点头,"让他给桑普森打电话。好了,杰里,你从销售角度中看有什么想法?"

"等等,"马克突然打断他们的话。他不想让"美国制造"的话题就这么快地一带而过。他提醒谢里尔,她在儿童用品公司的时候,曾经告诉他湖畔公司拥有力量相当雄厚的美国制造基础。他想知道现有什么不同,以及她认为像儿童用品公司这样的客户对此变化会有怎样的反应。谢里尔提醒他,她过去那么评价是因为她的首要任务是保持儿童用品公司的竞争优势。但是,现在必须服务于公司的最大利益,就是向任何可能的市场扩张。只要公司在美国本土生产,成本之高会使它的产品难以销往低价市场。这就是说,她再次要求杰里权衡销售情况。

杰里的报告正如谢里尔所料。他对这种机会表示了很大的热情。但是紧接着他还是列举了一大堆理由,解释为什么他需要新的重要资源来处理海外生产这种情况。

马克接着问:"杰里,我们来谈谈送货的问题。你是怎么想的?"谢里尔也正在思考如何作出最恰当的回应。

"当然,这个问题非常重要,尤其对儿童节来说。我们最大的优点就是我们一直做到了准时送货。不过海外制造的产品要横渡大西洋,穿过层层海关,所以出差错的概率比较大。"

"杰里,我在想,因为我们与工会的合同很快就要到期了,"马克说,"万一这项计划导致消极怠工或者罢工,怎么办?我们将何去何从?"

杰里看着谢里尔回答道:"那会是一场灾难,"他又转向马克,问道,"你认为会发生这样的事情吗?"

谢里尔感觉到会议开始跑题了,她赶快让内德加入讨论。

"我想提醒在座的各位,董事会已经给我们一个极富挑战性的增长目标。我们不能忘记斯温森先生在退休的时候,把他30%的股权出售给了黑斯廷·柯蒂斯公司(Hastings Curtiss)。投资公司对增长的追求总是永无止境的。我知道谢里尔计划的大胆之处可能出乎你们的意料,但是大家是否还记得她作为客户第一次走进公司的情景?我们都认为她是一个疯子。她让我们做一些看似疯狂的事情,但是想过没有,那些疯狂的想法现在已经成了我们最畅销的产品。看看我们的现状,我认为我们必须前进,同时我们留意我们今天的论题。"

"我知道大家有不同意见，"谢里尔面对大家说，"但是我也想让你们知道，我们只有成为一个团队，才能完成这项任务。我和内德将向董事会汇报所有这些情况。我希望不管最终作出何种决定，都能得到你们的支持。"

她内心里告诫自己要打电话给肖恩·柯蒂斯（Sean Curtiss），让他知道最新情况。他的公司在董事会七个席位中占有两席，斯温森的后代占有两席，沃利·斯温森居于第五席，北明尼苏达信托公司的卡伦·温克斯（Karen Winks）居于第六席，剩下一席是斯温森在沃利大学时的室友。

## 前面是惊涛骇浪吗？

第二天，谢里尔正在思考给董事会的汇报，她发觉有人在注视着她。

"斯温森，"她惊呼道，"看看你晒得多黑呀！"

斯温森走进来，坐了下来："我不得不说我喜欢做一个退休的首席执行官，大部分时间休闲垂钓，只在每个季度的董事会上露一下面就行了。"

"这才适合你，"她笑着说。他坚韧的脸庞呈现着深褐色，花白的头发散发出一种活跃的气质。自从他们第一次见面，她对斯温森就心存好感。她当时年轻上进，是个满脑子都是各种想法的基层经理。而他温和沉稳，经营着一家长盛不衰的大公司，决策谨慎，坚持质量第一的核心价值，从来不追赶时髦。他们各自从对方那里学到了很多东西。不久，许多设想大胆、同时体现湖畔奇迹玩具公司精神的新产品摆满了儿童用品公司的货架。

"一起吃午餐吧？"他说，"我想跟你聊聊下周董事会上要说的事儿。"

他们一起进了一家三明治店。这家小铺子离办公室就几个街区远。他们选了一间靠后面的小房间，这样就不担心被人偷听了。他们还没有点吃的，两杯柠檬水就送上了桌。

谢里尔问："你在想什么呢，斯温森？"

"我想让你再考虑一下你给董事会的汇报，"他声音很温柔，"你一定要把所有的想法都说出来。"

"上次董事会上制定了增长目标，我要汇报的是为了达到这些目标采取的具体的方案。就这些，不会有什么惊人之举。"

"真的吗？上次我和马克在一起吃晚饭，他跟我说，他对你的海外生产计划的速度有保留意见。我不得不说，我从来没想过，我会在像靶心这样的连锁店里看到我们的产品。"

"你和马克一起吃过晚饭？"她的嗓门渐渐大了起来。

"他没有背着你的意思,谢里尔。这是一个家庭聚会。他是我儿子的教父,还记得吧?我们只是聊聊而已。"

"你知道我来的时候就打算着手改革。我们谈过这件事,你也希望我这么做。你把一部分股票出售给黑斯廷·柯蒂斯公司的时候,你就知道他们在寻找新的增长点。如果墨守成规,我们肯定实现不了增长目标。"

> "你必须明白,这是一家历史悠久的老字号公司,"前任 CEO 说,"你要悠着点,不要急躁,以免把公司搞得四分五裂。"

"你必须明白,这是一家历史悠久的老字号公司,"他说,"现在为你工作的人,有些人的父母,甚至祖父母也曾经在这里工作过。你的提议会吓着他们。马克决不是全盘反对进步,但除了我,他比任何人都了解这个地方。你要悠着点,不要急躁,以免把公司搞得四分五裂。"

"如果我们成功了,这儿的每一个人都会受益。我已见过卡拉(Cara)和沃利五世(Wally V),他们都支持这个计划。"

"我不能肯定我的孩子们能完全领会马克的反对意见。"

谢里尔开始感觉到向董事会的汇报不会像她想的那样顺利。如果斯温森在警告她，要放慢速度，沃利五世反过来对马克——他的教父言听计从，那么显而易见，卡拉肯定会与斯温森家庭的其他成员站在一起了。

"沃利，我不希望董事会为这事摊牌，"谢里尔恳切地说，"是你启用我来发展这家公司的。你就放手让我干吧。"

"噢，你冷静一点。董事们不会为此摊牌的。但是你必须知道，你不能单枪匹马地干。你必须赢得员工们全心全意的支持，才能取得成功。"

"我有一个计划，"她告诉他她将启用塞西尔·弗莱明来接管新产品的开发。她继续解释，塞西尔对海外生产有一技之长，还有她希望在高级团队里能有人有她一样的办事风格和速度。

沃利的眉头微微一皱，暗示谢里尔这个想法也得慢慢来，不过他今天不想争论了。他啜了一口柠檬水，圆滑地回答她："我们一直都在渴望看到优秀的应聘者。我相信他会喜欢到这里工作的。"

"斯温森，每个在这里工作的人都喜欢这个地方。我也不想改变这一切，我只想五年之后，我们都还能有一个工作的地方。现在我需要的是你对我的信心。"

**是不是首席执行官变化太多、速度太快?**

凯思琳·考尔西迪斯

德布拉·本顿

丹·S.科恩

尼娜·阿韦尔萨诺

## 凯思琳·考尔西迪斯

凯思琳·考尔西迪斯（Kathleen Calcidise）是苹果连锁店副总裁兼首席运营官。苹果连锁店总部位于加利福尼亚州的库珀提诺（Cupertino）。

数年前，我在公司业务好转的时候也面对过许多与谢里尔·黑尔斯特罗姆同样的情况。我所在的公司拥有一批新的外部投资人，他们对公司的增长潜力期望值很高。公司的管理团队对实现挑战性目标的重要改革，采取了抵制态度。

谢里尔的沮丧和郁闷是显而易见的。所有关键因素都支持她进军中档玩具消费市场的计划。她已经看到了一个巨大的客户市场，心情急躁也在情理之中。如果湖畔公司希望在儿童节之前准时送货，那么它只有几个月时间设计新产品，并要确保海外生产经营畅通，还要解决诸如营销广告、品牌之类问题。但是公司绝大多数管理者对墨守他们熟悉的地盘更有兴趣，这使她左右为难。

为了尽快地脱离这种僵局，她不得不着手进行改革。没有理由表明她不能引进像塞西尔和帕特这样经验丰富的局外人，但是她要想办法把他们融入到现行机构中去。我建议她组建一个团队，指导中档玩具市场的品牌开发计划，赋予这个团队权力，只要能保证在儿童节准时送货，他们可以见机行事。

谢里尔也需要改变一下她的领导方式。她认为领导要"以身作则"，以及重新安置她的办公室显示"正处于最紧张时刻"，其他人都会认为那是对他们的高压和胁迫。如果躬身于劝说、鼓励和协商，可能会更有成效。她必须向大家敞开心扉，倾听持不同意见的员工们的心声。

同时，她必须与公司内部和外部的支持者保持不断和积极的交流，让他们知道她的增长策略将给大家带来何种利益。除非谢里尔能够把她的愿景与公司每个人的需求和期望联系在一起，否则人们对变革的抵制还将持续下去。我发现，在促使行动迟缓的公司员工和董事会成员去全力以赴实现一个未来计划的过程中，最佳途径就是大胆区分，区别以待。我曾经就变革的后果进行比较，将改革给我们的公司、员工和股东带来的切实效益与不作为的结果相比，不作为可能会导致破产和失业。不管谢里尔的话是否也是如此形象深刻，不过目的只有一个，就是要让每个人对变革要有足够的心理准备。出其不意只会加剧恐惧和抵制，而恐惧和抵制只会拖延改革的步伐。

对于谢里尔来说，也许最为重要的是她应该给湖畔公司明确一个经营方向,也就是要阐明组织变革和行为改革将如何与公司最珍贵的价值观和行为标准保持一致,而且还能提高公司和个人绩效。即使她向一些安逸的工作方式发起了挑战,只要她肯定大家都热爱这个公司,她就能带领湖畔公司的员工扫除阻挠改革的障碍。

为了推动文化和绩效转变,我建议将这项工作交给几个小组来完成,让他们承担责任,找出改革的阻力所在,并提出新的组织架构、措施和奖励制度。通过让员工参与其中,就能加快改革步伐。

我要强调的是,我工作过的公司所面临的麻烦远比湖畔公司多得多。在两年时间内,公司换了三任首席执行官,他们每个人都有各自的想法。当我进入董事会的时候,时间和资金都快花光了,大家对我成功的期望值确实比较低。我离开该公司几年之后,它终究还是倒闭了。

不管怎么说,谢里尔还是有很多的优势。由于过去她与湖畔公司有业务往来,现在人们已经信任她了,这对她的帮助很大。然而,她可能会误解,她就此得到了莫大的特权。很显然,她还没有发觉,为了她那具有潜在风险的产品扩张计划,她还需要付出更多的时间来建立共识。她自认为她已经得到了同事和投资人的支持。我要提醒她:她每天都要重新获得他们的支持才行。

### 德布拉·本顿

德布拉·本顿（Debra Benton）是本顿管理资源公司（Benton Management Resources）的执行总裁。该公司位于科罗拉多州的柯林斯堡（Fort Collins）。他是《一个CEO教练的秘密》（Secrets of a CEO Coach）一书的作者。

如果谢里尔是我的客户，我会向她指出，她与公司的关系已经发生了变化。她不再是公司的客户，而是公司的老板。但是，作为老板，她还没有建立起一套相互合作的工作机制。

为互相合作，她应该私下里跟她团队里的每一个成员解释她将如何开展工作。她可以这么说："我的处事风格是完全开放，相互尊重。我不会让你们去揣摩我的想法，我也不会揣摩你们的想法。但是，为了实现目标，我们必须坚持不懈地交流。讨论完一个问题后，我们必须以一致的声音与公司的上层、基层以及其他人沟通。"谢里尔说话时能面带微笑，略带一点请求的口气，还拉拉别人的胳膊，这样效果会更好。

一旦落实了相互合作的基本原则，谢里尔就必须提出公司的新目标。目标是董事会定的,没有讨论的余地,所以,唯一能做的就是如何实现既定目标。

谢里尔应该问一问团队的成员:"你认为什么是首要任务？实现目标的过程中会出现什么阻碍？我们如何克服障碍？"个人谈话中提及的首要问题应该提交小组讨论。一旦团队形成一致意见,那么就应该明确责任具体分工、制定战略和限定完成时间。

如果马克·道森在管理会议上继续反对这个计划,谢里尔就要请他到外面去单独交谈。两人私下里谈话可能会这样:"你的看法可能是对的,也可能是不对的,目前我们还说不准。但是,我们都同意这个计划。当面支持我的计划,背后又拆我的台,这不是表示尊重的方式。我知道你认为我们前面会遇到许多阻碍,我也知道在这个公司里你有着丰富的工作经验。但是,即使是最基层的员工也会告诉我为什么这个计划行不通。你是湖畔公司的精英人物呀,你的工作是让别人认为不可能的事情做成。"

"我经营儿童用品公司的时候,你的工作简直是奇迹。你找到许多快速生产、但不牺牲产品质量的新路子。你现在还要创造奇迹呀。"

"如果你对我所说的有异议,请你首先跟我谈谈。我对你也是一样。我不希望有人在背后说我们之间出现了阻碍。我敞开心扉,也希望你能如此。如果你不想也不能做到,我会找乐意干的人。"谈话过程中,她应该语气平静，面带自然的微笑，站在能把手放到他的肩上的位置，微微用力抓住他的肩头。

如果谢里尔不能跟这支团队做到推心置腹，她也不可能与下一支团队合作好。在她给现在这支团队一个机会之前，她不应该着手人事调整。一旦她看清楚他们的反应，她就能决定谁该留下，谁该走人，或者应该引进谁。

另外，谢里尔必须与沃利·斯温森、董事会成员以及风险投资家一道探讨工作原则。任何人都不应对她的领导提出质疑。当斯温森提到他和马克有过一次谈话时候，谢里尔应该这么对他说（当然要面带微笑，轻声细语，用力抓住他的胳膊）："你在公司一贯谨慎决策，启用我你也是慎之又慎。我们有能力在不牺牲产品质量的提前下，让公司再上新台阶。我有一支管理团队，我会向你和董事会完全展示我们需要完成的工作任务以及工作计划。如果有某个人或者某些事情是碰不得的，请你现在就告诉我。如果这种限制影响到我们的目标，我会对我们的利润评估作一些适当调整。但是，如果你想实行改革，流一些血是在所难免的。"

如果董事会主席和其他成员、风险投资家不放手让谢里尔从事她应该做的工作，她就必须决定是继续留下，还是一走了之。没有一个工作是永恒不变的。

## 丹·S. 科恩

丹·S. 科恩（Dan S. Cohen）是德勤咨询公司（Deloitte Consulting，不久将改名为 Braxton）的合伙人。该公司位于得克萨斯州的欧文（Irving）。他与约翰·P. 科特（John P. Kotter）合著了《改革之心》（The Heart of Change）一书。

谢里尔走进湖畔奇迹玩具公司，就像一头公牛进入了一家瓷器店。她想改变文化，她对公司员工们的慢节奏牢骚满腹。但是她的步子也着实太大了，主要是她跟大家的步子不合拍。她不太尊重这家有94年历史的老字号公司的经营方式。她没有躬身倾听资深经理们的意见，她也没有与董事会成员进行交谈，争取他们在董事会会议上支持她。她只是希望每一人都听从她的领导。

这种错误司空见惯。高层领导人会走进来说："这是我的设想，让我们开始干吧。"但是他们没有来得及去了解为什么要改革。换句话说，他们还没有为改革打下基础，让它扎下根。除非谢里尔能够找出一个好办法，让公司的员工欢欣鼓舞地接受公司前进的新方向，要不然，她这个计划就会死得很快。马克已经设置了障碍，他关心的是工会对海外生产的反应，也已经找前任首席执行官谈话。营销部主任提出了品牌问题，拒绝与新的设计公司进行合作。马克对海外生产的反对意见看来已经让销售部主任摇摆不定了。团队成员中只有首席财务官支持谢里尔的计划，他完全是从数字的角度来看待她的计划的。

既然团队在一起，谢里尔必须停止谈论"我的愿景"，而应该开始谈论"我们的愿景"。这说明她和她的资深管理团队对公司的未来从来没有形成真正的统一认识。如果连高管层对他们的工作目标都不能了然于心，那还能指望公司的其他员工会理解这些目标吗，又怎么能够谈得上支持这些目标呢？

我给谢里尔的建议是立即就过去几个月的工作进行反思。为了寻找一条公司的发展之路，有几件事情她做得不错。它们是：她搬出了位于偏僻角落的办公室；加强奖励措施；并努力提高生产力。但是，事实上，谢里尔对她的策略还没有认真地加以思考。比如，再过九个月就要跟工会谈判了，但她没有让工会代表参加他们的讨论。她好像认为到时候公司会出面与工会谈判的。对待品牌问题，她未加思考。伊莱恩说她能处理好，但她并没有提出可行的计划。

谢里尔工作中麻烦最大的就是她的工作风格与公司的文化不合拍。这非但没有引起她的紧迫感，而是在管理层中引起了恐惧和愤怒。如果她还不对她自己的工作方式进行调整,她将会继续失去大股东们的信任。更为严重的是曾一度是她支持者的斯温森,现在也担心谢里尔会把公司搞得四分五裂。失去斯温森的支持,她的计划就没有希望赢得公司董事会的批准。

为了重新赢得斯温森的信任,谢里尔必须与马克重新修好,向他说明他要改变自己的想法和行动来支持她的原因。如果谢里尔和马克他们两个人能心系一处,推出一个新的增长新计划,会更好地适应湖畔公司的企业文化。比如,湖畔公司可以考虑开设一个子公司,从事海外生产,产品销往低档消费市场,从而消除品牌问题。

董事会提出了极富挑战性的发展目标,谢里尔为此也付出了许多辛劳,这都是千真万确的。但是她不能独自作战。遗憾的是,她还没有摸清这支资深团队的性情。如果她想得到他们对改革计划的积极支持,她就必须去了解他们。没有他们的支持,她的设想即使再完美也无济于事。除非她能有效处理好目前高管团队里存在的自我满足情绪,要不然,她的设想就无法实现。

## 尼娜·阿韦尔萨诺

尼娜·阿韦尔萨诺（Nina Aversano）曾在 IBM、施乐公司（Xerox）、AT&T、朗讯科技（Lucent Technologies）及其他大公司里担任过高层管理者。目前，她自己在新泽西州的金尼龙（Kinnelon）开了家咨询公司。

看起来，谢里尔认为她的计划是公司发展的唯一出路。我在 IBM 开始职业生涯的时候，我也曾陷入这样的窘境。我知道自己的建议是正确的，所以要花大量时间说服其他人，我的想法要尽快实现，不能耽搁，这样做我觉得让人很沮丧。后来，一个睿智老练的经理跟我说："尼娜，人们支持他们自己创造的东西。所以，在创造过程中，你必须与其他人广泛接触，否则，你就注定要失败。"多么深刻的教训！我认为，在计划过程中，让更多的人参与进来可能会影响进程，但事实上，磨刀不误砍柴工。

还有一个教训谢里尔也要吸取。一位施乐公司的老员工用浓重的得克萨斯州的南方口音对我说过："套住小牛并非一招。"当时，公司雇用我投放一条文字处理器生产线。现在,我还能记得我看着同事们,仿佛他们"太无辜了"。他们从来没有涉足过非典型市场(也就是非复印机市场),他们根本不了解这项新技术。在我的脑海里,他们也不知道如何制定投放计划来实现如此具有挑战性的目标。但是,这位经验丰富的经理让我不要轻视他人的想法。他耐心讨论多种观点,让我明白成功有很多条路。这是非常不容易的,我学会了尝试用别人的办法,我最终发现这种路子真的能解放思想。谢里尔要是能这样做,她也会有同样的感受。她甚至也不跟公司关键的生产经理马克谈谈,问问他有何高招,特别是在马克向她表达自己的想法之后,不跟他商量看来真是不可理喻。

与谢里尔一样,我也必须与工会打交道。1990 年,我进入了 AT&T 网络公司(AT&T Network Systems)。公司总裁比尔·马克斯(Bill Marx)挑选了一批领导人,他认为他们能在不造成动荡的前提下,改变这个曾经是垄断企业的文化。我领导了一个有近乎 1500 名安装工和经理的庞大公司,其中大多数人是力量强大的美国通讯业工人联盟(Communication Workers of America)和国际电气同业会(International Brotherhood of Electric Workers)的成员。他们中绝大多数人是清一色的白种人,年龄 48 岁以上,高中学历。他们受过良好训练,工作专心,深受客户的尊敬。但是,公司却亏损连连。

刚进公司的时候,我仿佛进入了某种异域文化。

我一下子也搞不清楚该如何着手改变现状。我知道我需要掌握这些经理们所拥有的知识,但我也清楚他们并不希望我到那里去管理他们。所以,我从检查公司财务开始。然后,跟每一位本地的工会主席见面,与他们一道仔细检查公司的经营状况,包括好的方面、差的方面,还有不堪入目的地方。你知道后来怎样了?除了一个老资格、脾气暴躁的工会主席之外,我受到了极大的欢迎,甚至这个老主席最后也对我改变了态度。接着,我分组与全部员工见面,每组50人或者更少。这种见面通常就我和普通员工。我不希望那么多的主管来这里影响他们畅所欲言的发言。

  这是我职业生涯中最有价值的、长见识的经历之一。那些人是公司的核心和灵魂。他们希望成功,思想开明,让我分享了公司的真实情况,了解到了他们的观点和想法。我们团结在一起,改变了公司的亏损局面,造出具有高度竞争力的商业机器。谢里尔应该俯下身子,就她的计划与工会成员交心,恳求他们的帮助,大家一起建设一个具有更强竞争力的公司。

  最后,我们年轻的首席执行官应该重新调整董事会的期望值。当然,发展是需要的,但制定目标一定要实事求是。"不顾一切求发展"的心态对公司来说,将是一场灾难。谢里尔还是具有成为大领导人的很多素质的。她要做的是在目前所处的坚实基础上,加快速度,加大力度,建立一个全新的文化。

## 案例三

# 不能活到老学到老吗?

黛安娜·L·库图

**案例提要**

C.J.艾伯特（C.J. Albert）是家族企业铁甲保险公司（Armor Coat Insurance）的总裁。一个星期天的晚上，他正准备坐下来休息会时，公司的一位顶级销售员的电话打乱了他的心情。52岁的埃德·麦克格林（Ed McGlymn）刚与年轻的技术顾问用完晚餐回到家。他对受到如此待遇一肚子不开心。埃德警告说，如果不把这条咬人的狗赶走，他就要离开公司了。

艾伯特让28岁的罗杰·斯特林（Roger Sterling）——公司里一个不擅于交际、略有点偏执的电子商务主任，去教埃德数字战略和网络知识。逆向指导计划看起来是创造数字保险产品的一个好路子，这将有助于铁甲公司赶上它的竞争对手。

但是，从一开始，埃德和罗杰之间的关系就紧张，这种紧张来自于他们的个性和两个不同的部门。所以，他们同意见面一起吃饭就不是太情愿，当然也就话不投机了。埃德坚持认为推销保险主要靠大的销售代表，而不是因特网。罗杰则坚持认为网络给传统的保险销售和分配方法带来了革命，埃德要不让步就走人。埃德一怒之下就甩手离开了，随后就打了一个让艾伯特恼火的

**案例提要**

电话。罗杰紧随其后，给艾伯特下一个最后通牒："要不埃德走人，要不我走人。"

艾伯特在星期一的早会上面对两个都不开心的人。他该怎么办？六位评论员，包括一对指导和被指导者，将就这个虚构的案例研究提出他们的建议。

艾伯特喜欢看《法律与秩序》这部电视剧。他几乎没有时间看电视，就是看的话，也就看一些不伤感的电视剧。电视剧重播的时间快到了，他在客厅的灰色皮沙发上坐好，调整好眼镜，准备看电视。可就在这个时候，电话铃响了。

尽管从父亲手上接下位于罗德岛州的铁甲保险公司，担任首席执行官，但有一件事他始终无法做到，就是不接电话。甚至星期天晚上他也做不到。他叹口气，拿起电话。

"是艾伯特吗？我到处找你。"电话那头的声音听起来火气不小，情绪很激动。艾伯特马上就听出是埃德·麦克格林的声音，他是公司的顶级销售员。

埃德最近十年有六年名列绩效榜首，铁甲公司的主要大客户大部分都是他拉来的。客户喜欢他。他都52岁了，但仍然魅力十足。他是知名的曲棍球明星，在巴黎圣母院队的时候他就这样了。周末他带大客户去驾船航行，周一到周五陪他们打高尔夫球。每当埃德列数成绩的时候，他总会吹嘘他做阑尾切除手术以后，有300多个铁甲公司的客户给他发来了卡片，祝他早日康复。现在，电话里的埃德显然是心烦意乱。

"我在这个公司都已经干了23年，我为它付出了一切。"他发火了,"如果你不把那个你放出来咬我的小狗杂种开掉,我就辞职。那些网络小子说的不是我们的语言。他们狂妄自大,缺乏对人起码的尊重。我们与他们的价值取向不同。我要告诉你,我不是那种头脑简单的销售员,眼睁睁地看着这些长着一副娃娃脸、自以为是的嫩小子从我手上抢走我的饭碗。"

## 商业中的新花招

罗杰·斯特林是个无所不知、28岁的网络精英。去年,艾伯特聘用他做铁甲公司的电子商务主任,同时他指导埃德的学习并提高电脑技术。

罗杰有企业家的才华,痴迷于商务活动,是硅谷走红的软件工程师一族的典型代表。他在加州理工学院学习过一年的数学,在他辍学跟别人合伙靠2000万美金起家之前是他们班上的第二名。由于与生俱来的高人一等的意识和不可一世的信念,罗杰因技术高超和不会处世而出了名。在卖出首发股(IPO)之后,与以前相比,他不仅腰缠万贯,而且更傲慢无比。

罗杰在铁甲公司就职,只不过是因为他坚信保险行业已经发展成熟,可以迎接电子商务的革命了。毕竟,保险是纯粹由信息和金钱组成的产品。他已经意识到鲜有人涉足的英特网与保险业的结合将使他大有作为。对他来说，如果不考虑这种技术的使用者，把技术推向极限只不过是一个简单的游戏。当艾伯特提出让他改组一项全国性工程，在网上向客户直接销售保险的时候，罗杰立即明白这种潜力的所在："我们一下子可以减少2000个代理商，可以节约一大笔开支，这简直是拿到印钞票的许可证。"

奇怪的是，罗杰无法理解为什么有些人会对他的态度嗤之以鼻。艾伯特把它归结于代沟。如果罗杰能把情绪掩藏好，就得连老销售员都称他"八面玲珑"就行了，但这是不可能的。他看起来对外界没有兴趣，这使他机器人的名头更响了。他不搞体育，也不钓鱼，好像除了开着宝马敞篷车上下班以外，什么事也不干。

艾伯特自言自语道："是呀，如果我只邀请一个男人来参加我的俱乐部，那这个人肯定是埃德。"很显然，现在需要安抚埃德的自尊心。艾伯特同情他的顶级销售员，就他自己而言，他对电脑几乎是一窍不通。但同时，他也意识到，回到数字时代之前的那个年代是万万不可能的了。铁甲公司必须进入网络时代，否则只有死路一条。

## 传奇的变化

1879年，艾伯特家族创立这家由四个人组建成的加籍法裔公司的时候,改革一直是他们的准则。从那以后,铁甲公司就成了所有艾伯特家族的人学习成长的地方。许多老员工还记得艾伯特祖父阿纳托尔(Anatole)的传奇时代,他用铁腕经营这个公司。但是公司现在的天下是艾伯特父亲打下的。该公司已成为一家全国知名的公司,在32个州设立了办事处。在20世纪80年代末,艾伯特执掌公司的时候,铁甲公司的营业额和利润直线上升。公司最终在1996年上市。

公司的首发股使艾伯特家族富得流油,艾伯特本人的资产已是相当于许多个百万富翁的总和了。虽然人到晚年,但雄风依旧,艾伯特知道这个家族和其他股东相信他能够把公司继续沿着正确的轨道前进。这意味着要竭诚为客户服务,降低成本。尤其后一条特别具有挑战性,因为许多保险公司都在考虑网上业务。完全依赖因特网的新生代网络公司已经发现了许多更加便宜、快捷的工作方式,它将取代根深蒂固、代价昂贵的代理商网络工作方式。艾伯特知道,如果铁甲公司忽视这个选择,必将坐等倒闭。

> 铁甲公司必须要利用埃德的力量,他有牢固的客户关系,还有罗杰的力量,因为他拥有极具竞争力的新技术。

然而到目前为止，还没有一家公司找到一种能解决客户渴望人际交流的办法。人们不情愿通过一种像电脑这样不能人与人直面交流的媒介购买经常与生死和灾难相关的保险产品，因为心里多少有点不踏实，人们这么想是情理之中的事。艾伯特遇到的挑战是，找出一种让数字产品具有亲和力、不让人惧怕的办法。为了做到这一点，他认为铁甲公司必须要利用埃德的力量，他有牢固的客户关系，还有罗杰的力量，因为他拥有极具竞争力的新技术。新老两代人必须联合起来共同完成这项工作。

但是做起来并不容易。从一开始，公司的销售人员与罗杰所在的部门之间就出现了紧张气氛。公司给因特网专家的开价并不低。事实上，艾伯特给他们开出的工资与在公司已经干了15年或20年销售代理的工资一样高。那些销售代理们对新手拿"高工资"表示了极大的愤怒，这也在情理之中。艾伯特还决定，新来的网页设计师们将可以直接向罗杰报告。艾伯特也认识到罗杰的管理地位可能会引起销售人员的不平情绪，以及引起大家极大地关注公司里谁处于优先地位的问题。但是他心里也清楚，如果要使公司成功转型，那么这些掌握新技术的新员工需要更多的支持和责任。情况本来已经糟糕透了，然而艾伯特接着又裁减了10%的销售人员来降低成本支出。这种反应是非常强烈的：留在公司的人觉得他们被出卖了。销售人员责备网页设计师在他们中间扔了一枚改制的手榴弹，人人恐慌。

## 是谁当家？

艾伯特放下电话，坐回沙发，陷入了沉思。他的夫人卡伦走进客厅，注意到电视处于静音状态，她看看丈夫脸上的表情，问："发生了什么事？"卡伦是儿童心理学家，也是安妮和西蒙两个孩子的母亲。艾伯特和卡伦结婚快25年了，她对自己的丈夫以及他的公司都了如指掌。

> 艾伯特陷入了沉思："不管你喜不喜欢，现在是年轻的一代来指导我们，而不是我们这些老家伙指导他们。这是埃德这帮人面临的大问题。"

"都乱套了，"艾伯特叹气道，"刚才是埃德打的电话。他跟罗杰·斯特林吵架了，他都要气疯了。我也快放弃希望了，这种以新带老的事在他们之间根本就不可能。"

艾伯特又拿起遥控器，回到《法律与秩序》电视剧的最后片段。节目结束前,插播一段关于网上股票经纪公司美国贸易控股公司(Ameritrade)的广告节目。广告中,一个年轻的办公室工作人员正在复印相片为聚会做准备。他的老板叫住了他,没有训斥,而是请他帮忙在网上买股票。这个年轻的小伙子教他的老板如何上网搜寻。然后,他热情奔放地跳起舞,并邀请他的老板参加他们的派对。

"但是,这在铁甲公司可行不通啊!"艾伯特脱口而出。他从沙发上站起来,穿过客厅,冲向书架,拿出一册《大英百科全书》(Encyclopedia Britannica),心不在焉地胡乱翻着,陷入了沉思:"不管你喜不喜欢,现在是年轻的一代来指导我们,而不是我们这些老家伙指导他们。这是埃德这帮人面临的大问题。他傲慢自负,极度怀疑新技术,不愿意接受改革。但是年轻一代却又只知道要不断改革。"

## 新型指导教师

其实,艾伯特一直想照美国贸易控股公司广告所描述的那样去做。铁甲公司的人力资源部在年初就开始了一项逆向指导计划:公司鼓励所有的销售人员选择一个年轻的指导教师,请教如何在铁甲公司的网上新数据库里储存和调阅信息,以及如何在网上冲浪。

这种思路是,如果公司里以客户为中心的销售人员更多地掌握网络知识,那么他们就能帮助铁甲公司运用因特网增加利润、提高服务质量。

当艾伯特发现埃德没有找指导老师,他就决定让罗杰做他的指导老师。罗杰缺乏人际交往能力,但才智出众,而且对保险业有浓厚的兴趣,这两个优点也是埃德敬佩有加的。艾伯特甚至还认为,公司的技术权威一对一的帮助肯定会让埃德很高兴的。

艾伯特告诫罗杰:"给埃德一些空间,他会问你一些天真的问题,他必须学习自己不熟悉的东西。但是你也要认真听他提的问题,因为他对我们的客户非常了解。"

罗杰对此并不乐观。他认为整个实验完全是浪费时间。他对艾伯特说:"问题倒不在于一些计算机技能,而是这样的一个事实:像埃德这样的人必须学会用一种全新的方式思考保险业务。埃德的思想必须要有一个彻底的转变。仅仅教他计算机方面的几个招式,是无法完成这种转变的。仅仅搞电脑培训课程是无济于事的。"

就这样,双方的关系并没有得到好转。直到上星期一,怒火冲天的罗杰给艾伯特打电话,指责埃德没有参加一个重要的会面,这次会面时罗杰将给他讲解网络将如何在保险公司和客户之间创造一个更为有效的沟通平台。罗杰强烈抗议道:"那个快嘴快舌的鸟人根本不懂团队合作。"

艾伯特当时没有时间处理这个电话。董事会的会议就要开始了。他正在全身心地准备关于公司季度绩效报告，公司绩效出现了12年来的第一次滑坡。他问道："你们就不能抛弃前嫌，好好地坐下来，一起努力消除分歧呢？"三分钟后，埃德也在同样抱怨这件事的时候，艾伯特忍不住发火了。他说："我不想再听到你们争吵了。天哪，埃德，你岁数整整比他大一倍。你好自为之吧！"

## 话不投机的晚餐

星期天晚上，罗杰和埃德极不情愿地同意在野生姜餐馆（Wild Ginger）见面，修补两人的关系。这是他们第一次坐在一起吃饭，埃德迟到了。一整天，他带着孩子们去看足球赛，他自己也累了。

当他来到餐馆的时候，罗杰已经坐在桌子旁边，喝着绿茶。"啊，我女儿也喜欢喝绿茶，"埃德说，他想找话题跟罗杰套近乎，"她也是个电脑迷。"罗杰很有风度地笑了笑，没有吭声。埃德发现自己对公司把罗杰·斯特林这样的不善交际的家伙放在权力位置，意见是越来越大。

他点了一对詹姆森丸子，然后拿出筷子，姿势优美地剔鳗鱼圈和加州麦吉,这是罗杰点的开胃菜。埃德首先打开话题。"艾伯特说我们应该一起合作,共同消除我们之间的分歧。"他字斟句酌地说,"也许为了铁甲公司,我们可以使一些创新真正发挥作用。"

罗杰的反应快速而且冷淡。他说:"他们正在发挥作用,我跟艾伯特说过这个情况。我们正按预定计划工作。我的团队工作进度比原定计划要快。"

罗杰的反唇相讥气得埃德在桌子底下握紧了双拳。"罗杰,我不是笨蛋,"他的声音都有点发抖了,"也许我有种种毛病,但我并不愚钝。不错,网络正在改变着销售方式,但是大销售代理商现在是,将来也是保险业的主力军。如果你去向人家推销保险,人家是不会买的。如果你小心翼翼地提醒他们,他们是不会考虑生老病死的。我知道怎么作保险业务。在你还兜着尿布的时候,我就开始作保险业务了。"

这种话罗杰早就听说过。直到一个服务生经过时,他才抬起头。罗杰的反应让埃德恼羞成怒,但他压住了心中的火头。他最终说:"我们说白了吧,我讨厌你和其他'精英人士'对待我们这些销售人员的傲慢态度。你们太放肆了,安排见面不提前打招呼,也根本不考虑我们忙不忙,有没有时间。你们不尊重我们的经验。"

罗杰身子靠近埃德。"你听我说,"他语气尽量缓和地说,"我不是说人力推销保险不合算。但我认为你还没有意识到客户的心理发生了多大的变化。人们希望快速获取信息。他们希望比较各公司的绩效和服务,这一点在网上做起来容易得多。就我看来,你有两个选择,要么加入我们的团队,要么离开我们。这听起来很残酷,但是,更年轻的销售人员已经开始取而代之了。"

埃德听得一身冷汗。"小子,让我给你提个建议吧,"他边说边伸手去拿钱包,"你可不要做公关这差事。"说完埃德把两个人的饭钱摔在桌子上。他抓起外套,转过身,怒冲冲地出了餐馆。卡伦关掉电视,看到艾伯特还在翻大百科,她说:"你走神到哪里啦。"

"我是在想我年轻的时候,谁干什么一目了然,虚心学习看起来比较容易。"她丈夫解释道,"智慧代代相传。但是现在这个时代反而是辍学的人拥有优势。"

"我认为这并不奇怪,"卡伦反驳道,"我们不是也向孩子们学习吗?而且我一直都在向我的病人学习。"

"是啊,我们还小的时候,我就是一个集邮专家,而你是南希·德鲁小说的专家。年轻人是正在影响每一人生活方方面面的全球革命的专家。所以,埃德好像失去了控制就一点也不奇怪了。"

就在这个时候,电话又响了。这次打电话的是罗杰。他的声音听起来有点疲惫和厌烦。他说:"艾伯特,我是数字专家,对于改变一个缺乏安全感的中年销售人员,我是一窍不通,这不是我来铁甲公司的目的。

不是埃德离开这个团队,就是我离开。该由你下决心了。如果你想谈谈,我明天来找你。"

艾伯特放下电话,向卡伦通报了刚才的最新消息。他问:"我该怎么办呢?"声音听起来非常沮丧,"我不希望铁甲公司出现裂缝。我希望他们能联合起来。要不然,五年之内这个公司将会倒闭。"

**艾伯特该怎么办？** ……

莫妮卡·C.希金斯

劳埃德·特罗特

史蒂文·卢里亚·阿布隆

斯图尔特·皮尔逊和莫汉·莫汉

约拉姆·杰里·温德

## 莫妮卡·C.希金斯

莫妮卡·C.希金斯(Monica C. Higgins)是位于波士顿的哈佛商学院组织行为学的副教授。

发生在铁甲公司的事情不是具体的教与授的关系,不管是逆向教授,还是其他。我们看到的情况是这样的:一个新近聘用的年轻人负责培训一个在公司干了23年的老销售人员,要教他如何上网。如果这个计划能起作用,可能会建立起某种培训关系,但是,这全然不是真正意义上的指导关系。这种指导需要职业和心理上的支持,比如友好相处,相互关心。

实际上,这个案例是有关组织变革的,有关一个成功的家族保险公司需要改革对客户服务的方法。为了有效地把铁甲公司引向一个新的方向,C.J.艾伯特应该负起主要责任。相反,首席执行官把组织变革的任务委派给一个除了金钱和技术,其他什么也不顾的公司新人罗杰·斯特林,这不仅不现实,而且也注定要栽跟头。

看到案例的结局就一点也不惊讶了。我们有两位极具价值的员工,一个是罗杰,另一个是埃德·麦克格林,他们俩一气之下都准备离开公司。很显然,为实现逆向培训计划所做的努力付之东流了。让我们看看这是什么原因。从这个案例,我们得知艾伯特任命罗杰做埃德的指导教师。不过,研究表明,最佳的指导关系是以非正式的形式,通过对专业发展的共同兴趣,随着时间的推移,日臻完善,渐入佳境。显然铁甲公司的指导关系并不是这样。

其他研究也表明了,施训者和被训者的交流风格如果互相匹配,相得益彰,这种培训关系才是积极有效的。这个案例中,情况却是截然相反。埃德喜欢一对一的交流,发展了如此紧密的客户关系,以至于他生病的时候,客户们给他发卡片,祝他早日康复。罗杰的风格是机器人式的。很显然,他们不是最佳搭配,而且,艾伯特希望营造一个真正教与授关系的条件也不成熟。

除了对教与授的关系理解不深之外,艾伯特似乎忽略了铁甲公司为改革所付出的努力,会带来情感上的副作用。他自己对此的诊断是什么呢?他说是"代沟",他甚至让埃德"忍着点"。这个判断并没有指出问题的症结所在。在那顿倒霉的晚餐上,埃德清楚地告诉罗杰,他这个资深的销售人员觉得他的经验没有受到应有的尊重。

埃德的感觉当然不是任何一代人的独有的感觉,既不是20多岁的一代,也不是40多岁的一代人独有的。而且他的抱怨突出了这个案例中的根本问题,那就是仅仅自上而下机械地推行培训计划,任何改革计划都不会成功的,这些员工会抵制公司为广泛转型所付出的努力,相互之间缺乏彼此真正的尊重。

也许,艾伯特的夫人卡伦才真正理解危机所在。她认识到如果铁甲公司要进行改革,就必须结合年轻人的力量。但是,她没有看出其中有任何全新的东西,她说,她一直向她的年轻病人学习。所以在如今信息经济时代,知识就是至尊,但是重要的是年青人和年长者要相互分享知识。

要想改变铁甲公司,艾伯特需要罗杰和埃德的共同努力。但是,在任何有意义的改革努力,即便是培训计划付诸实施之前,艾伯特需要实施真正的领导。他已经明白罗杰和埃德两人都有力量,但是他没有好好地进行双方面的沟通。他能够从沟通开始把两人的隔阂消除,现在为时还不晚。毕竟,他们两个人都向他寻求过建议和忠告了,现在该是他当老师的时候了。

## 劳埃德·特罗特

劳埃德·特罗特（Lloyd Trotter）是通用电气公司的总裁兼首席执行官，该公司位于康涅狄格州的平城（Plainville）。

铁甲公司的逆向培训计划明显不适合于罗杰·斯特林和埃德·麦克格林。艾伯特应该采取果断措施，终止这种关系。而且与两个人之间的性格冲突相比，铁甲公司的麻烦永远不至于此。

罗杰不仅是差劲的施训者，而且作为一个员工，他远离了公司的核心价值。他的态度与长期驱动公司文化的团队精神和同志之情一点也不吻合。所以除了培训问题之外，艾伯特还必须决定是否留下罗杰。

同样，艾伯特必须想办法抚平对埃德造成的伤害。他的销售大王的自尊心和自负受到了重创。面对当前的经营压力，艾伯特绝不能让埃德撒手不管。疏远埃德可能会影响到他的绩效，最终，会对公司的财务状况造成破坏性的影响。因此必须尽快解决埃德的境况。

埃德不仅应该从艾伯特那里得到宽宽心之类的含糊之词。他还应该得到帮助，以适应铁甲公司正在展开的各项改革。在通用电气，我们都清楚，如果一个管理者固步自封，不学习新的知识，他就将自己的职业生涯置于了一个危险的境地，他在公司的成功也就无望了。理想的办法是，人力资源部门这个时候该出面干涉了。

解决好这些问题之后，艾伯特应该重新调整他的逆向培训计划，使它更加切合公司员工们的情况。从大的范围来看，这个计划是由公司高层设计，强加给公司基层有利害冲突的两部分员工。这个公司有丰富的家族历史，有牢固的工作道德，所以如果逆向培训计划是作为一种合作途径，不是彼此之间的封闭，那么铁甲公司的员工还是有接受逆向培训更大的可能的。

铁甲公司还需要重新审视如何使这个计划适用于每一个人。公司必须要考虑涉及到逆向培训关系的所有人的工作动力问题。艾伯特要向其他公司学习好的做法。他们是如何挑选指导老师的候选人的？什么样的个性特点才是最佳组合？对培训关系的双方有什么样的要求？

最后一点，引进逆向培训的思想要慎之又慎。我也知道，当被告知可能有个比自己年轻的人来教导的时候，第一反应是有点气馁情绪。但是，对我们俩来说，通用电气的逆向培训计划是非常成功的，我们相互学习，共同进步。我认为，成功的关键是不管我们在这个组织里处于什么样的位置，我们都能接受改革。那些不能接受改革的人将遭到组织的淘汰。

与我的培训老师一见面就更加坚定了我迎接改革的决心。很快我们就都意识到大量的学习和交流机会对双方都有利。

我从培训老师那里学到了许多因特网方面的知识，我能直接地感受到和观察到代表公司未来领导才能的年轻才俊们的风范。同时，我的年轻教师也获得大量机会来了解如何做好一个首席执行官。如果我们相互封闭，没有这些经历，那就是无谓的浪费了。这就是我如何看待那些固步自封的人的，不管是自上而下，还是自下而上，他们都没有坦然接受学习，这是他们自己关上了通向未来的大门。

现在为时还不晚，艾伯特还是可以让逆向培训计划在铁甲公司发挥作用。通过这次教训，他可以摸索一些最佳办法，这样不仅有助于他的公司成为一个电子商务公司，而且可以提高其他公司推行逆向培训计划的水平。

## 史蒂文·卢里亚·阿布隆

史蒂文·卢里亚·阿布隆（Steven Luria Ablon）是位于波士顿的哈佛医学院和麻省总医院的精神病临床副教授。他还是波士顿心理分析协会里的一名训练和指导成人和儿童的心理分析师。

我父亲曾是《财富》杂志500强中的一家公司的首席执行官。他经常跟我说，只有年长的人过世了，年轻人取而代之，才会有进步。为这我还跟他争论过。我的看法是，只有人们坦然向任何人学习，不管这些老师是年长的还是年少的，才会有真正的进步。良好的培训关系的一个重要特点是，培训双方坦诚相对，尊重对方的经历。

在铁甲公司，无论是埃德还是罗杰，他们都没有真正的兴趣去了解对方的经验。我们不知道真正的原因所在，这可能跟他们脆弱的自尊心有关，还有对权威人物的不同看法，比如父母或姐妹。

无论埃德和罗杰之间出现对抗情绪的原因是什么，还是应该由艾伯特来找出一个创造性的办法，帮助公司员工相互合作，在一起工作。让他们两个人独自出去吃晚饭,这说明艾伯特在逃避责任。他不应该认为自立了解他们的感受,他应该同他们一起坐下来,认真听听他们各自的观点。

艾伯特要创造一种氛围,让埃德和罗杰能够愉快地交流他们的经验和讨论各自关心的话题。通过培养这样的交流,艾伯特就能指导两个属下,让他们认识到坦然面对和相互指导的重要性。然后,他就可能用这种经历向埃德和罗杰演示,两个人能够相互学习,取长补短,把铁甲公司变成一个充分利用新老经济的崭新公司。

下面让我用一个临床经历来解释一下如何来做这项工作。

我的工作是儿童心理分析。我总是向我的病人学习。曾经有一个名字叫哈里的小病人,他才10岁。他父母亲把他带到我这里来是因为一年来,哈里忧郁寡欢,常常落泪,而且经常大白天在课堂上做梦。哈里认识我之后,开始在办公室里放松下来,他跟我说,他想下国际象棋。他自称棋下得很棒。我们下了几盘,发现他下棋的路子的确与众不同。一旦他碰到僵局,他就会宣布一个新的规则,这样他的棋子马上就有了不同凡响的威力。当然,他把我彻底打败了。

棋继续下着。哈里跟我说,女王实际上是很弱的棋子。女王为什么是弱子呢,他的解释是,因为她为了提防国王,花去了太多的时间,其实国王基本上没有什么作为。慢慢地,我和哈里逐步明白了这种游戏跟他的生活是有联系的。过去的一年,他父亲得了哮喘,曾有几次面临生命危险。哈里的母亲整日生活在惊恐之中,害怕她的丈夫会突然死去。她放弃了一切正常活动,就是为了在出现紧急情况的时候,她能守在丈夫身边。在这个故事里,家庭生活是混乱无序的。哈里觉得他的家庭生活是不可预知的,而且也是极不稳定的。

我与哈里相互指导。我从哈里那里获知,他不需要象棋规则方面的帮助,也不需要我帮助他建立面对失败的能力。他需要有人理解他行为深处更多的体验。同时,哈里也开始意识到,我有兴趣去探索和理解他内心深处矛盾、混乱的感受和体验。他已经知道我只是希望理解他,而不是评判他。

如果埃德和罗杰要相互学习,他们就要用同样的方式敞开心扉。他们必须理解,通过相互合作,包容分歧,劲往一处使,他们是能够建立一个成功的团队的。他们都能作出独特的贡献。但要使合作更加愉快,他们就需要艾伯特参与进来,而且他要起表率作用。

认识到别人经历的复杂性,这是处理所有关系的关键,也是拥有如意人生的关键。我并不总是与父亲的看法一致,但多年来我从他那儿学到了许多。相互理解各自的分歧可能会让我们靠得更近。

## 斯图尔特·皮尔逊和莫汉·莫汉

---

斯图尔特·皮尔逊（Stuart Pearson）是英国和爱尔兰宝洁公司的营销服务IT经理。

莫汉·莫汉（Mohan Mohan）是英国和爱尔兰宝洁公司保健美容分公司的副总裁。

---

埃德和罗杰之间的逆向培训关系最主要的问题，是两者间的极度恐惧和不安全感。艾伯特无法挽救，把他们组成一个团队，但是他可以通过这种对抗，吸取有关培训和改革方面的有益教训。

罗杰性情急躁，冷漠如铁，却是一个技术精英。实际上，尽管罗杰认为教埃德学习使用电脑是"毫无意义的"，但他可以教会埃德如何在网络经济中击败对手，赚得利润。罗杰在网络革命的产业中成为一个网络领袖，并不是纯粹靠运气。他不害怕改革和权威。以我们的经验看来，这是一个年轻培训者应具备的良好素质。逆向培训的老师们是不能轻易地被吓住的，他们必须有这种自信，向被训者们提出挑战，否则这种关系就不起作用。

罗杰作为培训老师，应该燃起埃德对技术的热情之火。但是反过来，艾伯特也要说服罗杰，他有些知识也要向埃德学习。没有这种相互尊重，任何培训关系是不可能维持下去的，无论是逆向的还是其他形式的。

罗杰缺乏人际交流的技巧在这里就给他添麻烦了。罗杰不仅没能改善埃德对技术的戒备心理，而且他好像也不确定是否他希望去主动接触埃德。关于这一点，艾伯特必须说服罗杰从极力推进技术的任务中退后一步，考虑一下其中起作用的人际关系因素。这将是向改进关系迈出的第一大步。

当然，埃德也要正确对待一些问题，如新聘用者的高薪水，销售部门的减员，也许还有对年龄增大的恐惧。虽然他业绩辉煌，数字可能说明这一点，但是他不愿意学习如何在一个不断变化的电子世界里开展业务。从拒绝培训，到不愿意选择培训老师，种种古怪行为表明，埃德害怕改变销售保险的传统方式。

埃德永远不可能成为一个技术专家，应该采取更为主动的举动，参加新培训，获得新信息。人力资源部可以帮助他，为他量身定做一个学习计划，让埃德学习他急需的知识。

不管罗杰和埃德之间发生什么事，艾伯特都不应该放弃逆向培训的原则。逆向培训计划是一条非常有效的途径。但是，艾伯特应该认识到实施培训计划的一个重要保证，就是不能强加于人。宝洁公司的逆向培训计划都是自愿参加的，而且反复使用，运转正常。

在宝洁公司，尽管我们俩的工作关系非常适合于刚开始的培训计划，我们原先走到一起也是因为我们想接受培训，而不是被指定的。我们一起安排方便的时间见面。我们根本就没有把年龄差距看作是包袱，而是一种丰富业务和增进关系的好机会。无论我们讨论奔迈掌上电脑（PalmPilots），还是聊聊如何调剂工作和生活，都是一种交流的好机会。

宝洁公司的逆向培训计划还收到另外一种效果，那就是为公司打下了坚实的知识基础，这一点对任何组织的成功都是至关重要的。一个公司里相互交流的方法多种多样，但逆向培训是其中最好的方法之一，它要求人人心甘情愿地去学习。

其实，我们在宝洁公司开展逆向培训，深受阿尔文·泰勒（Alvin Taylor）的影响。他说："在 21 世纪，文盲不是指那些不能看书或不能写作的人，而是指那些不愿意学习、不愿意逆向学习以及不愿意再学习的人。"

## 约拉姆·杰里·温德

约拉姆·杰里·温德（Yoram Jerry Wind）是费城宾州沃顿商学院营销专业的教授。他现在还在领导开发"沃顿电子化计划"，其中包括一项逆向培训项目，该计划要让高级管理人员跟沃顿学院的学生们配对学习。

这个首席执行官想通过创造一个"具有亲和力的"网上保险产品，把铁甲公司带入数字时代。但这个信心十足的计划刚一开始就中途夭折了，这对他的打击是太大了。艾伯特聘用了一个高素质的技术人才罗杰，赋予他领导公司参与互联网革命的权力。他深刻认识到，需要把罗杰的网上专业技术和埃德对客户需求的理解结合起来，通过逆向培训计划形成优势互补。

愿望固然是好的，但是艾伯特现在手中有两个极度郁闷的玩家，这两个人都是业中高手，他们代表了处于艾伯特和铁甲公司电子商务转型战略处于核心地位的两个职能部门。

那会怎样呢？就我所知，艾伯特的战略中有三个致命的缺陷。首先，首席执行官计划通过纯技术部门来执行全公司范围的改革，而不是由一个跨部门的团队来执行改革。

其次，他忽视了组织架构。他没有调整公司的文化和补偿制度，以便让它们一起帮助铁甲公司完成向电子商务的转型。

最后，艾伯特没有建立起一个有效的逆向培训计划。

为了让逆向培训发挥作用，对双方来说，应该是一个两厢情愿、相互支持和互相学习的过程。所以选择一个指导老师，跟体育专业挑选教练一样重要，需要慎重考虑。如果你让世界网坛上的一对竞争对手安德烈·阿加西（Andre Agassi）做皮特·桑普拉斯（Pete Sampras）的教练，可以想像会出现什么样的结果。让罗杰去做埃德的教练同样也是不合适的。

从埃德的角度来看，罗杰是他的敌人。罗杰的到来立即会导致埃德的朋友和同事们失去工作，他处理业务的冷漠方式与埃德的信条大相径庭。从罗杰的角度来看，埃德不是能风雨同舟的同事，而是前进道路上的阻碍。

就这两人之间强烈的对立情绪来看，艾伯特这种配对一定会失败。

施训者和被训者一定要有一个共同的目标，两者之间必须相互信任。对埃德来说，合适的培训老师应该是一个年轻的技术精英，他能够善解人意、以极大的热情帮助埃德掌握必要的技术，把铁甲公司带入下一个世纪。培训老师对埃德的能力也应该表现出足够的尊重。就罗杰的个性来说，他也许就根本不能训练别人。

最后还有一点需要说明。逆向培训可以巩固公司职能部门的相互合作，但它不可能是加强团队精神的唯一方法，也不是改革的唯一催化剂，它不像文中所希望的那样简单。相反，职能部门之间业已存在着良好的沟通，逆向培训应该是这种沟通的副产品。即使是最佳的教与被教关系也要有一定的限度。

案例四

# 负盈亏的成本中心

朱莉娅·柯比

**案例提要**

埃里克·帕尔默（Eric Palmer）来到卡姆登机器人技术公司（Camden Robotics）的顶层。该公司是一家工业自动化设备的供应商。帕尔默激动地告诉首席执行官汤姆·奥赖利（Tom O'Reilly）他最新的战绩：与当地的一家软件制造商建立了广告印刷品的业务关系。老板反应道："你又拉来新业务了？这么说真的成功了，是不是？"

六个月前，帕尔默作为公司市场营销联络部主任，走进办公室，他的情绪很低落。他的部门是一个新部门，并高薪聘用了一些设计师。但是，因为经济不景气，卡姆登机器人技术发动的营销活动越来越少，帕尔默担心他的部门会成为下一个裁员的目标。

相反的是，奥赖利想把这个部门调整为一个子公司。它仍然为公司内部的其他部门提供服务，但是它也可以"根据产品价值自行定价"，像外单位一样申请公司内部的工程业务。另外，新的团队，即创新中心，可以在业余时间承揽公司之外的业务，获得收入，支付其开支。

最初，全公司对这个决策的反应是非常积极的。帕尔默作为承包人工作也非常积极，不断向

**案例提要**

奥赖利汇报业务的进展情况。但是，这种改革不到几个月，人们就开始埋怨了。其他部门觉得营销服务要价太高，还有忙忙碌碌的帕尔默和他的工作人员都不理他们的茬。还有，一旦外部客户与内部客户发生冲突的情况下，往往会牺牲内部客户的利益。

随着这种不满情绪的增强，该由奥赖利来判断这种机构改革是否还行之有效。有四位评论员对这个案例进行了剖析并提出建议。

当首席执行官汤姆·奥赖利的女助理格雷斯·坦斯基(Grace Tansky)看到埃里克·帕尔默心情愉快地向她走来时,她情不自禁地说道:"帕尔默,你看上去像只吃了金丝鸟的猫一样得意。有什么高兴的事吗?"这里是卡姆登机器人技术公司办公楼最高层的首席执行官办公室,格雷斯·坦斯基是办公室的接待人员。

帕尔默咧嘴笑着说"我们又得到了一个新客户,BlinkWare要我们做印刷广告。现在我们要学习一些软件业务方面的知识了。"当他走近格雷斯的办公桌时,向奥赖利的办公室瞥了一眼,看到门微开着。于是说道:"我进去会打扰他吗?我是不是应该留个口信就好了?"

只听到老板应道:"嗨,帕尔默,你在说什么呀?你是不是又拉到了一笔业务?"当他阔步走向大厅的时候,奥赖利伸出手和他握手。"这消息听上去太令人振奋了。这不是成功了吗,对不对?可不是嘛,我告诉过你,这么做会有成效的。"格雷斯微笑地看着他们两个人走向楼下大厅里的咖啡厅,途中帕尔默向奥赖利详细地叙述了他得到新客户的全过程。

## 成本中心的成长

就在六个月前,情绪比较低落的埃里克·帕尔默被叫到了老板的办公室。公司突然意识到必须削减成本了。公司不仅向一些大中型制造公司提供工业自动化设备,还具有一定规模的咨询业务。但是,随着经济不景气,公司的一些大顾客从他们客户那儿收到的订单减少了,很快这种影响通过供应链波及到了公司。

对于帕尔默这样一个有志向、招人喜欢,并且掌管着公司市场营销联络部的小伙子来说,碰上经济滑坡,确实不走运。他曾经成功地说服老板增加了他的员工人数,并且高薪聘请了一些确实富有创造性的人才。同时,他获得了一笔资金来进行全面广泛的技术升级,使他的团队能够认真对待与客户的网络沟通。所有这些活动之所以得到批准,是因为公司的高层管理者期望各业务部门开展更为积极的营销活动,他们需要帕尔默所属工作团队更多的支持。

但是在经济不景气时期,这笔用来技术检查的资金看来是一项没有必要的额外开支。各个业务部门都在缩减他们的营销计划,而不是把它们的业务做得更大更好。就连帕尔默也不得不承认,在追求成本削减的所有目标中,他的部门就像电线上最肥的乌鸦,是首当其冲的目标。当他被叫到办公楼顶层的时候,他担心最坏的消息就是要他自己走人,同样还要大量削减经费和裁减人员。这种忧虑清清楚楚地显示在他的脸上。

然而老板秘书很惊讶,整整一个小时后,帕尔默才从奥赖利的办公室出来,他们两个人几乎是胳膊挽着胳膊出来的。他们俩已经炮制了一项计划,而且很快出来了一份备忘录,一切都明了了。

帕尔默的工作团队正在被重组为一个业务部门。当然,这个工作团队仍将一如既往为其他兄弟部门提供服务。但是一改过去重复开支,重复收费的弊端,而是要根据事先商定的价格,向它自己的"内部客户"收取营销服务费。这种费用不一定会反映实际成本,甚至也不会反映成本加价后的定价。这个重新组建的部门可以"根据产品价值自行定价",与外部客户一样申请公司内部的工程业务。备忘录上说得很清楚,公司希望帕尔默领导的团队不只是在费用上将更具有竞争力,而且这个团队为其他业务部门服务的历史将不会再是看看曲线报表和收取低廉的交易成本。最后,备忘录还表明,营销团队如有余力,同样要面向市场寻求机会为外部客户服务。这项工作的费用将帮助其支付成本。简单而言,市场营销联络部这个部门现在不是一个成本中心而是一个利润中心了。

## 小心你的愿望

公司对这项改变的反应非常乐观。所有直接送到奥赖利这里的报告对他的解决办法给予了高度赞扬,而且他们的赞扬似乎都是发自内心的。有人认为,让帕尔默同意削减成本是精明的决定,因为这是不可避免的。其他人认为,公司总部的一个部门不是以对待同事的方式,而是以对待客户的方式对待他们,这是一个好办法。

事实上,过了两个月就出现了人们的第一次抱怨。这次抱怨来自安德烈亚·托里斯(Andrea Torres),他打电话给格雷斯,希望能尽快在奥赖利的时间表上插进去五分钟时间,他想跟奥赖利谈谈。奥赖利的秘书冒昧地问:"我怎么向首席执行官汇报呢,谈话是关于什么呢?"电话那头传来嗓门较大的的叫声:"是关于我从市场营销联络部那儿收到的一张75000美金的账单!"听到他说的话,格雷斯皱了皱眉,草草记下了安德烈亚的名字和电话号码,并告诉他下午4点10分给他回电话的。

就在几天后,又出现了第二次抱怨。这次是萨姆·雅各布斯(Sam Jacobs),一个长得不错但比较随便的小伙子。他不像是在发火,而是感到迷惑不解。他说:

"是不是我们不用再到埃里克·帕尔默的团队去拿产品说明书和其他材料了?下个月的 PROdex 产品展示会上,我要向客户们分发更新过的新材料,但他们好像一点回应也没有。"

还有阿曼达·布莱克(Amanda Black)抱怨说:"我想跟奥赖利谈谈埃里克·帕尔默的'新客户'。"最后一个词带有嘲笑的意味。"你知不知道帕尔默正帮着 Pandemix 公司策划出更好的营销方案?问题是,我们的头号大客户是沃尔森科技公司(Walston Scientific),而 Pandemix 是它最强大的竞争对手。你能想像得出沃尔森公司很不高兴。这是我在那里的熟人告诉我的,之前我对此一无所知。"

甚至当行政部门以公司的名义向客户寄节日问候卡都受到了影响。卡片以前一直是由帕尔默的团队负责的,而且以前公司常常举行一个内部的卡片设计大赛,公司所有的图片设计人员都参加。但在今年,询问各位秘书所需卡片数量的表格上面却附上了一个明细价格以及收费代码。费用不高,一张卡片只要 32 美分。当然这个价格比商店里买来的卡片的价格还是要便宜一些,而且买来的卡片上不会印有公司的标志。然而,仍有人怀疑制作卡片的成本不用这么高。这也成了一周行政会议上的议题。

虽然事件接连不断,奥赖利还是相当成功地将它们一一摆平。他对大多数高层管理人员表示:"这是一个全新的安排,就给它一次机会吧。"但是,对于市场营销联络部的新态度,人们私底下的抱怨声依然是不断。员工之间对市场营销联络部新态度的议论和带刺的笑话也是此起彼伏。帕尔默经常出没于首席执行官的办公室,对自己的工作信心倒是一副与日俱增的样子,员工们对此感到极为不快,要消除这种不满情绪还是有一定难度的。一天,帕尔默拿着一封信,在奥赖利面前鼓吹他的团队因为工作优秀得到了一个奖品。还有一次,他向别人炫耀市场营销联络部为了在公司内外推销他们的服务产品而印刷的宣传小册子。

> "看看他们两个,仿佛奥赖利做梦都没有想到帕尔默会如此成功。但是如果其他人都很痛苦,这又怎么能算是成功呢?"

至于奥赖利,他好像在听取帕尔默汇报有关新业务的过程中,尽到了一个企业家的责任,而且对帕尔默的事业也在某种程度上扮演着导师的角色。他亲自给帕尔默介绍了第一个外部客户,这个客户是奥赖利大学时期的好朋友,现在拥有一家制作招牌的小公司。而且,现在当帕尔默汇报他的团队将如何完成 Blink-Ware 的项目时,奥赖利总是频频微笑和点头。其中一个秘书评论说:"看看他们两个,仿佛奥赖利做梦都没有想到帕尔默会如此成功。但是如果其他人都很痛苦,这又怎么能算是成功呢?"

## 到该反思的时候了

当新的状况再一次出现的时候,已经是三个星期以后了。公司高层管理人员正在慢慢走进董事会议室,准备讨论每个月的业务报告。而这个时候,一位技术人员为了联系网上其他的小组成员,在摆弄会议室的电话会议通讯装置。一些管理人员已经在会议桌前坐了下来,开始翻看会计室昨天下午发给他们的财务报表。一些经理在餐台边享用着咖啡和小点心。在他们的打趣说笑中,开始了新一轮的牢骚和抱怨。

会计报表的详细数据清楚地显示了创新中心(帕尔默团队的新名字)曾以低于实际成本的价格向外部客户兜售了他们的服务。一些管理人员发现了这一点,并正在考虑在会议期间提出来讨论。"太荒唐了,"其中一人说道,"我以全价,也许更高的价格买下了营销资料。我一直听他们说自己有多忙,但是,同时他们却花时间接公司外的业务,有些业务甚至连一点利润都没有。"当奥赖利走进房间的时候,话题就转移了。但是可以肯定地说,一个小时后他离开会议室时,草草记下了要做的事情,其中一项就是"和帕尔默坐下来谈谈"。

这次面谈安排在几天后。帕尔默像以往一样兴奋地来到老板办公室。他明显误解了这次叫他来的意图。同一份会计报表也突出显示了他的团队的营业收入和利润都在不断增长。当奥赖利叫帕尔默把门关上的时候,帕尔默感觉到了他老板说话语气中有些不满,他立即有点丈二和尚摸不着头脑了。

走廊里,办公室的日常工作照常进行着,回电话,发邮件,复印,讨论午饭如何安排等等。但是在奥赖利办公室门口经过的人都听到了奥赖利和帕尔默的谈话正变得愈发激烈起来。

奥赖利说:"我们现在必须做一些调整了。一切才刚刚开始,我们可能需要重新做些调整。"

帕尔默辩解道:"奥赖利,我真的搞不明白。我认为我们的路线是完全正确的,一切都在按计划进行。"

"有一点,我正在看你们赢利情况,"奥赖利语气坚定,但没有一点不耐烦地继续说道,"原先的出发点是你向内部顾客收取公平的费用以支付你的运营成本,在这个过程中他们也能调整使用的时间。但是,报表显示:你的收费确实太高了。"

帕尔默愤怒了,他回应道:"根本不是这回事,我们没有宰这里的任何人。你是知道的,所有的部门削减了他们的营销预算,所以你要相信我,他们每花一分钱都是精打细算的。如果再多给我们一些信任，我们将干得更漂亮，我们还会从外面找到好业务，来增加收入的。"

不知不觉地，帕尔默越来越激动。奥赖利拿出会计报表上的证据来反驳他。"看吧，这上面显示那些外部客户还欠着债，一直没有付钱，更不用说让他们补贴部门费用了。我看到为了完成 PRI 的项目我们花了10万美金，而你们的人只向他们收取了8万美金。"

帕尔默很快缓过神来。他解释说那个项目只是一个更大项目中的第一期工程。"我知道我们向客户压低了报价，但这是一种投资。从长远来看是合算的，因为他们对我们的工作相当满意。"这一点似乎让奥赖利觉得有点道理，他的语气也缓和了一些。奥赖利要帕尔默至少得明白，他做赔本生意的策略已经给牢骚不断的内部客户增加了新的把柄。

"他们没有什么好抱怨的！"帕尔默回答说，"我真不知道我们所做的哪一件工作客户不满意。有人说过我们的工作质量下降了吗？没有听人说起过，这就说明质量根本就没有下降。我们实际上已经提高了工作质量。我们为公司做的新员工手册怎么样？你自己说过手册的质量是一流的。还有，你肯定喜欢我们为咨询服务部的斯科特·米尔恩（Scott Milne）做的网页。在一家贸易杂志上还刊登了一篇捧场文章。你跟斯科特谈谈，他是很满意的。"

但到现在为止，奥赖利开始对帕尔默的辩驳已经失去耐心了。或者他也许讨厌听说他手下的一个业务部门已经建立了自己的网站。除非有明确的业务需要，公司各部门不得脱离公司的网站，在网上另立门户。对于这种限制，下面的部门经理是非常头痛的，但是帕尔默集中化的市场联络部门过去一直执行着这项制度。现在两个人说话的嗓门很大，同一层楼上的其他人也渐渐意识到角落里的办公室里有情况了。

奥赖利大声喊道："你认为没有人在抱怨吗？安米·莎尼茜（Amy Shaughnessy）上星期就到我这儿来说你拒绝帮她做一个项目。你们团队留给她的印象是更有兴趣为外部客户服务。你应该在不太忙的时候为外部客户服务，而不能把我们自己的人当作次要的服务对象。"

"那个项目没有什么意义，"帕尔默反驳道，"她甚至不能说明那个项目能够适合哪一个营销计划。我们并不是拒绝工作，而是建议她花点时间详细说明这个项目的战略规划。没有这个步骤，就启动营销宣传，就等于把钱扔进老鼠洞去，纯粹是浪费。"

在厚重的木质门外，奥赖利的秘书格雷斯看着收发员把他的手推车推出电梯。在他们的争吵声中，收发员瞥了一眼奥赖利的办公室，然后向格雷斯投去询问的目光。格雷斯做一个嘲弄的鬼脸，然后耸耸肩不出声地做了个"埃里克·帕尔默"的口型。

"好了，帕尔默，别再自以为是了，你的所作所为表明你没有把内部客户的需求放在首要位置。"

帕尔默还在反驳，"好吧，奥赖利，你知道为什么吗？我为什么要这样？因为我诚实，他们中的一些人是我见过的最差的顾客，我们以全新的态度对待他们，但他们对我们还是原来的态度。其他客户，他们根本不可能在最后一分钟取消会议，或者不遵守约定好的最后期限。但是他们还是把我们当秘书一样对待。"

帕尔默越线了，做得有点过头了，他自己也知道这一点。他稍微后退收敛了一些，说："对不起，奥赖利，我就是弄不太明白。你告诉我要改变思维模式，要像做生意一样经营我的部门，要成为一个真正的企业家。好了，我现在全做到了。你告诉我要把我们这个部门办成利润中心，你猜结果如何？我们真的赢利了。为什么你们认为这是坏事呢？"两个人的声音降到了正常谈话的语调，走廊里人们的好奇程度也降了下去，他们的会谈也很快结束了。

## 决 策 时 刻

事情进行得很顺利。每次和帕尔默谈话结束后的晚上，奥赖利在办公室待到很晚，边抽烟边来回踱步，自言自语，再坐到皮躺椅中，闭上眼睛陷入沉思。与帕尔默会面后，他会利用约会的空闲时间在黄色便笺上匆匆记录下要点。隔天早上9点左右，他会叫秘书进来拿走一份备忘录。这和往常一样，看不出有什么不同。当奥赖利通过内部电话系统叫格雷斯的时候，正好是星期三早上9点以前，她刚把榨好的柠檬汁加到爱尔兰早茶中，这是奥赖利最喜欢喝的。

但这次与往常有点不同，格雷斯不知道奥赖利要说什么了。

**卡姆登是不是应该撤销新利润中心？** ·······

丹·洛根
迈克尔·麦肯尼
马克·P.赖斯
杰弗里·W.贝内特

## 丹·洛根

丹·洛根（Dan Logan）是三联通讯公司（Trinity Communication）的总裁。该公司是一家位于波士顿的市场营销联络公司，它的主要业务是为客户提供开发品牌战略、创新思维、营销计划等服务。

我也有过类似的经历。你可能会发现我就是现实中一个活生生的埃里克·帕尔默。帕尔默犯了三个大的错误，也可以说是三大失策，它们足以让首席执行官汤姆·奥赖利撤回他对于这次改革计划的支持。

首先，帕尔默没有按照顾客的需求来设计他的服务。他认为顾客想要的是很有创造性的服务，是那种赢得设计奖的天才创意。然而事实上，顾客同样会欣赏那些不给他们带来麻烦，并且好好工作，帮助他们按时在预算内达到业务目标的专业营销人士。

第二，帕尔默没有用足够的时间向他的内部客户解释清楚，他们现在正在实现从按成本定价到按价值定价的新转变。这两者之间有很大的不同。

第三个错误最为严重。帕尔默集中精力让老板满意，而不是让客户满意，这是一个典型的错误。自这个组织变革计划开始，奥赖利接见帕尔默的次数明显增多了，帕尔默频频在最高层抛头露面，鼓吹他的成功。在我看来，帕尔默很明显上错了楼层。他应该把在高层活动的时间用来建立与客户的关系。

奥赖利在这其中是不是完全没有过错呢？我认为不是的。他的错误在于自上而下把这个新的业务安排强加给他的公司体制，而不是建立起广泛的共识和支持。

十年前，我曾管理过一家新英格兰金融公司的内部营销机构。同样的，我也受命将它转变成一个产生利润的业务单元。但是我的首席执行官明智地建议我先取得一致的意见，让我的内部客户相信这个安排对他们是有利的，争取得到他们的支持。我相信这一切有助于我有效地提出我的建议，也说服了一些唱反调的人。

高层管理者也建议我规划出反映未来三年成本收益的详细计划，用以说明我有合理的发展战略。在我的例子中，这是必要的，因为我们形式上是在延续一个业务单元，而不是简单地创立一个自负盈亏的新单元。我在新英格兰金融公司的拥护者们预计，在三年后我将有至少一半的生意来源于外部客户。这种具体的财务分析和战略规划的法则对帕尔默也应该是有用的。它可以帮助他强化作为一个部门管理者的工作中心，并向同事们宣讲他的理念。奥赖利应该意识到帕尔默需要这方面或者类似这方面的指导，帮助他实现从职能部门的思维模式向企业思维模式转变。我不愿过多地指责奥赖利，他给了帕尔默一个千载难逢的机会，只是帕尔默不能应付自如，没能胜任。

如果我是帕尔默，我会立即回到内部客户那里，降低姿态。我会对这些问题负责任，也会寻求建议。如果帕尔默能够认真地寻求信息反馈，并且基于这些反馈写一份报告给高层管理者，提出一些实际操作中的改革措施，或者可能的话，建议重组，他可能会转败为胜。他最终需要的是外部客户，但是没有这些内部客户的大力支持，他的业务根本不可能维持下去。所以，如果我是他的话，与其努力争取外部市场，还不如加倍努力，让内部客户满意。

有了正确的行动，帕尔默可能会两者兼得。我们在三联通讯公司的亲身经历就是很好的证明。在成立九年以后，我们仍然在为我们的第一客户服务，它占了我们总业务量相当大的比例。帕尔默也能做到，但是如果他不改变现行方式的话，就不太可能了。如果他不愿意作出必要的调整和新的安排，奥赖利就应该改变初衷，停止这个计划。

## 迈克尔·麦肯尼

迈克尔·麦肯尼（Michael Mckenney）是洛克威尔自动化公司（Rockwell Automation）的 RA 工作室/Avid 联络部门（RA Studios/Avid Communications）的业务经理。麦肯尼住在克利夫兰。

我给汤姆·奥赖利的建议是，放手支持你决定开展的业务。给市场营销联络部一点时间，完成从成本中心到利润中心的转变。奥赖利必须认识到，在短短几个月的时间里，把一个百分之百的成本中心变成一个完全自负盈亏的利润中心，不是一件容易的事情。

我们成功地在 Avid 实现了这种转变。锐信电气（Reliance Electric）是一个坐落在克利夫兰市的工业制造公司，起先，我们的电子通信服务是作为该公司的一个业务单元而成立的。我们部门是培训部的一部分，是为公司销售、营销和培训服务的，制作视频和多媒体资料的靠拨款运营的成本中心。当培训部受到大幅降低成本和关门息业的压力时，一批来自平面设计和声像多媒体组的管理人员们提议，把这种联合经营的部门改变为利润中心。首席执行官和高层管理者都认为这种模式一定会有助于解决成本问题，但我一直认为，他们对我们的成功没有抱太大的希望。他们的想法是："反正你们这个部门不是现在才有的。给你一年的时间，到那时候你就可以走人了，这样令人头痛的问题也就解决了。"但是我们终究有时间建立了基础设施，开发了一个品牌，并且培养了内部和外部的客户。

第一年是艰苦的，没有营业收入，没有营销，也没有广告，我们只是开着大门。我们大多数业务仍然是来自内部客户。但是到第二年我们就赢利了，到20世纪90年代中期，Avid每年有220万美元的订单，其中一半来自内部客户，另一半来自外部客户，比如林肯电气（Lincoln Electric）、马可尼（Marconi）、中心银行（KeyBank）和克利夫兰医院（Cleveland Clinic）。今年，在非常严峻的经济形势下，我们仍然得到了近500万美元的订单。经过这些年，我们已经发展成为一个拥有45个员工的服务性生产代理商，有分布在俄亥俄州和威斯康星州的四个基地。这一切不是一蹴而就的。像埃里克·帕尔默一样，在所有的项目中，我们提供的都是超值服务。（很显然，我们尽量避免不要经常这样做。）但是奥赖利必须意识到，就像我们所做的，公司确实通过这种方法发展了与客户的关系。

另一方面，帕尔默需要记住他身处的环境以及是谁付给他薪水。他没有尽责、妥当地与他的客户和同事沟通，他忘了他必须尊敬所有的人。作为新成立的利润中心的管理者,他必须知道他面临着一些独特的障碍,如,外部客户会经常质疑你对他们项目的承诺,认为当母公司有需要时,你会不顾一切首先去服务母公司。(当然这种事情不会发生。)而内部客户则会认为你的努力工作是理所当然的。

让这两种不同类型的客户都称心满意是很重要的。但是让内部客户接受你提供的服务,理解你的服务价值,是让这个模式正常运行至关重要的部分。开始的时候,我不知多少次听到人们说:"你真的以为别的公司会为这些服务付钱吗?你真的创造了价值吗?"为了在全公司范围改变这种看法,我们花了三年的时间。但是我们早早定下了基本原则,如,当我们第一次找首席执行官的时候,我们就说过,如果我们已经让一家客户预定了工作室、设备、工作人员等,他作为首席执行官想给全体员工训话就不能临时占用预定的工作室。这是公司管理层经过深入讨论形成的意见,并且已经向下传达了。

对我们来说,利润中心的模式已经证明是成功的。它使我们在过去的 15 年里保持活力和竞争力。想想帕尔默早期在吸引业务方面的成功之处,看来这种模式也能对卡姆登机器人技术公司起作用。只要有了高层管理者的支持、更有效地进行沟通以及在处理业务过程中有清晰的基本原则,这种模式应该能发挥作用。

## 马克·P. 赖斯

马克·P. 赖斯(Mark P. Rice)是 F. W. 欧林商业研究生院(F. W. Olin Graduate School of Business)的院长以及麻省威尔斯理(Wellesley)的巴伯桑学院(Babson College)企业研究所的荣誉教授。他与人合著了《激进改革:成熟公司如何能智胜暴发户》(Radical Innovation: How Mature Companies Can Outsmart Upstarts)一书。

汤姆·奥赖利所面临的问题不是"卡姆登机器人技术公司是不是应该撤销新成立的利润中心",而是"在什么条件下奥赖利会继续用市场营销联络部做他的企业试验"。如果这些条件不能达到的话,他需要为改革重新确定方向以最大程度地减少消极作用。到此为止,所犯错误的消极影响是次要的,积极影响仍是主要的。但是如果不快速有效地解决由这些错误导致的冲突,将会毁掉新的改革。

奥赖利和帕尔默陷入这样的危机,是因为他们的几个错误的业务假设,最大的一个错误就是市场营销联络部能够继续满足内部客户,尽管它实行了一种新的定价策略,而且还积极地发展外部客户。对任何企业来说,在对现存业务的改革中,这是一个典型的难题。新变革的实施准则、体制文化、管理方法等方面都和主流业务大相径庭。如果分歧不能得到有效解决,主流员工会破坏和阻碍新的变革,就像在卡姆登公司所发生的一样。

现在帕尔默和奥赖利应该做什么呢?让我们先从帕尔默说起。现在不是抗议和冒险疏远他的拥护者的时候。如果他已经到达甚至是超过奥赖利原先设立的目标,他该怎么办?现在首席执行官向市场营销联络部提出,在最初的业务模式中存在着不足之处。对错误作出有效的反应是企业改革取得成功的关键。这意味着,先知道犯错误是在所难免的,然后在尽量缩短犯错误的时间,减少其造成的损失的情况下从中吸取教训,并且重新调整改革计划和策略。

如果帕尔默不能满足他的内部客户,那么改革计划将会失败。因为没有处理好那些关系,他和他的团队就不得不花大量的时间和精力来克服管理不当造成的消极后果。所以帕尔默不应采取跟老板顶牛的办法来处理问题,而是应该请求奥赖利帮助自己,分析当前的情况,并决定该怎么改变他的做法。

首席执行官对于在卡姆登机器人技术公司出现的问题和解决办法,都要承担更多的责任。沟通是至关重要的,但是在这种情况下,并不会因为有了备忘录就会得到满意的解决。这种组织变革已经在卡姆登公司的员工中激起强烈的反对情绪，那些情绪需要承认、缓解，并且需要认真地对待和处理。奥赖利可以从认识服务问题开始，这些服务有的是企业内部关键的个人，也有的是集体，还要自己主动承担造成问题的责任。然后他可以组织一次对这次组织变革的全面回顾，探询什么已经发挥作用了，什么迄今为止还没有。这个过程应该包括帕尔默、市场营销部的成员，以及一些受到影响的内部客户。这个回顾过程要解决一些根本的问题，如，市场营销联络部该怎样定价、工作的轻重缓急、奖惩标准等等。这也许能帮助帕尔默和他的团队意识到有效地为内部客户服务的重要性。

　　这个案例中的所有参与成员都必须权衡以下关系：战略目标与财务目标；内部客户与外部客户；短期绩效与长期绩效；主流业务与新成立业务，等等。这些共识能够反映一个可以相互接受的业务模式，它支配着市场销售部和内部客户的关系。

## 杰弗里·W.贝内特

杰弗里·W.贝内特(Jeffrey W. Bennett)是博思艾伦管理咨询公司(Booz Allen Hamilton)的副总裁。他在克利夫兰办公,主要研究商业策略和企业组织问题。

当我们意识到对于埃里克·帕尔默的市场营销联络部需要市场化控制时,汤姆·奥赖利的路子绝对是正确的。但是要把这个业务单元从成本中心转变为利润中心,至少就奥赖利和帕尔默所采用的方法来看,解决方法过于简单,也让所有涉及到的部门都感到头痛。奥赖利不应该为市场营销联络部采用一种利润中心结构,而应该把该部门定位为一个"公用服务"的角色,在该部门和它所服务的部门间建立一种结构性更加突出的关系,以达到既控制成本又确保服务质量的目的。

管理人员经常面临着各种各样关于成本中心和利润中心的棘手问题。评价服务部门首先看其成本支出是否在预算范围之内,这种评价要鼓励业务经理奋力争取更多的投资,并确定把每一分钱都花在为明年争取更大的预算上面。从这些服务功能中获益的部门不直接牵涉到相关的成本,所以他们会要求更多更好的服务。这种螺旋式上升的需求又刺激着服务部门对更大预算的需求。结果是提供服务的部门和它所服务的部门之间出现了几乎不可调和的紧张关系。哪一点更重要呢,是"我们能够提供什么服务"还是"应该将服务质量最好化"? 如我们是不是有更出众的人员,是不是有一以贯之的企业形象等等。如果没有适当的方法解决这种矛盾,关系会陷入困境,除非有外力的介入,要不然不可能缓和。在这个例子中,外在因素是经济不景气。

不幸的是,向利润中心的转变本身就产生了问题,特别是当它的实施方式不完善的时候,卡姆登机器人技术公司的变革似乎就属于这类情形。很显然,这种变革释放了原先未被利用的企业能量,帕尔默的忘乎所以就是一个证明。但是奥赖利从根本上改变了游戏,却没有明确地界定游戏规则和边界,把其他的业务部门置于了一个不受约束管制的境地。他们没有选择,只能到业已存在的市场营销联络部寻求销售服务,然而该部门却能自由地寻求外部客户。当从员工那里听说服务质量下降了的时候,帕尔默垄断的内部交易的价格上升了,以及帕尔默利用他的职位之便在追逐外部客户上投资的时候,他不应该感到惊讶。

奥赖利可以通过让业务部门从外面寻找市场营销服务,或者把营销部门独立出去,来完善内部市场。如果帕尔默和他的团队被强制参与公平竞争,他们就不会再滥用内部垄断的地位。除非公司内部的销售团队能提供独特的服务,否则他们将无法生存。

完全竞争从理论上讲比成本中心的做法更为有利。但是如果业务部门重新选择和雇佣外部承包商的成本都将超过任何改进服务的成本,那这种方法对业务部门来说,也不会是最佳的解决办法。对于像市场联络这样的职能部门来说,它常常需要行业和公司方面的专门技术,这一点尤为重要。

这让我们又回到了共享服务的概念上来,市场营销联络部的存在只是为了服务公司的其他业务单位,但是要在一个更合理的体制中。这需要一个明确的收费机制,让业务单元只为他们享受到的服务付费。业务单元可以周期性地比较内部营销服务的价格和外部供应商的价格,以确保他们支付的价格接近市场价格。必须草拟书面的服务协议,这样服务单位的预期参与能被广泛地理解,并且能够得到高级管理层的公正评价。内部客户对市场联络部门服务的满意度也会成为对该团队明确评价的一部分。

## 案例五

# 这次兼并能成功吗?

萨拉·克利夫

**案例提要**

在这个虚构的案例中,对于公司总部来说,这两家公司的兼并看上去就像一个天作之合。对于公司基层的人来说,两个公司的兼并就像地狱里的组合,阴森恐怖。

这个兼并涉及两家公司。一个是美国的金融服务巨头辛尼根金融公司(Synergon Capital)。另一个是拥有丰厚利润和一群异常忠实的有钱人客户基础的博尚公司(Beauchamp, Becker & Company)。令博尚公司引以为自豪的是,它有一支在朱利安·曼斯菲尔德(Jalian Mansfield)领导下的实力雄厚的高级管理队伍。曼斯菲尔德是一位极有修养、德高望重的长者,体现了公司所有的优点。

辛尼根还不习惯于兼并这样的公司。它通常选定的目标是一个经营不善的公司,一旦交易成功,就扔下一颗中子弹,解雇公司里的员工,只留下文件柜和合同书。在兼并博尚之前,辛尼根方的高管层们曾信誓旦旦地保证,只要博尚公司实现了富有挑战性的利润目标,并以足够的热情也向自己的富有客户销售辛尼根的产品,他们绝不改变这家拥有悠久传统的公司的现状。

**案例提要**

这次兼并能成功吗？

负责兼并工作的是尼克·坎宁安（Nick Cunningham），他是辛尼根公司里比较有思想的管理者之一。尼克从一开始就反对这笔交易，在朱利安·曼斯菲尔德眼里，尼克是辛尼根公司的形象和喉舌。曼斯菲尔德对连续不断的官僚报表、要求立即答复的无理要求、突如其来的改革动作等方面，以较为克制的方式表达了自己的不满，甚至扬言要辞职。有人已经警告过尼克，如果曼斯菲尔德离开公司，他同样也得走人。

六位评论员建议尼克如何通过给这两个争执不休的公司带来祥和和繁荣，保住自己的饭碗。

尼克·坎宁安从一开始就反对兼并博尚。尼克所在的辛尼根金融公司,是一家一有机会就兼并别的公司的美国金融服务巨头。严格来说,它兼并的是一些处于转型期的小公司,这些公司已建立起了一定的市场地位,但是经营不善。但是博尚是一家历史悠久的英国金融服务公司,利润丰厚,且拥有异常忠实的有钱人的客户基础,它一点不符合上述对兼并对象的描述。

尼克向老板 J.J.达马托(J.J. d'Amato)汇报了自己的真实想法。"兼并这样的公司我们要花一大笔钱,"他说,"而且,与我们的文化也完全不同。我们玩的不是同一场游戏。他们根本不考虑公司的发展。"

达马托讥笑道:"你就不要唠叨个不停了。就这么干吧。我敢肯定我们能把他们留在桌面上的钱弄到手的。"达马托是一个升迁很快的公司红人,根本听不进下属的意见。

尼克回答道,"我不敢肯定。这不是一个门外汉经营的谁都不要的烂摊子。他们比我们更了解自己的客户。他们并非是等闲之辈。"

达马托说,"对这些事情你不要担心太多,尼克,放松点。我们不会强迫他们变化太多的。你的任务是想想怎么去实现利润。"

## 辛尼根的风格

　　尼克在辛尼根工作已经有三个年头了。他会到这里来工作是因为公司的优异表现。辛尼根的兼并风格具有传奇色彩。在兼并工作的稽核阶段，它动用一大批精明的金融审计师和专业经营人士，计算出兼并对象中每一个能增加价值的地方。每一个小组都在公司总部有一间"作战室"，里面有图表、传真机、电脑和电话，所有人员在通宵达旦地工作，直到兼并交易结束。兼并目标的业务收入或者花费每一分钱，都能算得清清楚楚，他们也以此为自豪。

　　辛尼根结束一桩兼并交易后，它的整合团队就会接管过去。数周之内，它停止被兼并公司所有的后续经营活动，把工作转到最近的辛尼根办事处。因为被兼并公司常常经营不善，辛尼根会在12个月内解雇大部分管理队伍。公司内部把这种做法叫做"中子弹爆破法"（Neutron Bombing）。人走了，只有文件柜和合同留下来。

　　辛尼根欣赏它的粗暴文化。稽核小组被称为"突击小分队"，其成员每人会得到一把18英寸的鲍威猎刀，上面刻着他们的名字和兼并公司的名称。如果谈判小组最后成交的价格低于最初向董事会提出的报价,他们每人会得到一个镀银的大锤子。业务经理们如果在第一年实现被兼并公司的收入和生产目标,他们每个人会得到一个12英寸长的食人鱼模型。

辛尼根的首席执行官坚持"不留俘虏"是自我生存的关键之举。他对新招收的工商管理硕士们说:"市场如战场。在谈判结束的时候,你看到桌子上的一个硬币,是属于我们的,就去把它拿过来,这是我们的钱。也许在这个过程中会造成间接的伤害,但是,这就是我们的钱。"

有时尼克发现自己与这种文化有点格格不入。并不是他缺乏竞争力,他比好多同事更有心机。他是担心公司总有一天会面对与它的游戏规则不相符合的新情况,那么辛尼根风格就会阻碍它的前进。在他看来,博尚可能就是这种新情况。

## 美 满 婚 姻

兼并仍然有意义。博尚不仅会使辛尼根公司获得一个非常有价值的客户群,而且会在欧洲给辛尼根一块立足之地,这是公司战略计划的关键组成部分。从博尚的角度来看,这笔交易也有意义,公司需要发展,辛尼根的钱袋子是鼓鼓的,再加上它还有博尚所缺少的某些专业领域。

但是兼并工作让尼克焦躁不安,因为只有在两个条件下兼并才能成功。第一,博尚的客户依然满意。第二,长期担任博尚常务董事的朱利安·曼斯菲尔德继续留在董事会里。曼斯菲尔德精明老练,风度翩翩。辛尼根能从曼斯菲尔德对客户的管理中学到很多经验。问题在于辛尼根没有从学习的角度思考问题。

在达马托向董事会抛出兼并计划之前,有一次尼克就向他指出了这个问题,但是没有起任何作用。"不要再说了,尼克。我们会挤进去把兼并搞定的,他们也会喜欢的。"

达马托面对董事会非常专横。"我们不会干扰博尚的经营。对我们来说,这是代理销售的难得机会,"他恭敬地看了一眼辛尼根的首席执行官诺曼·沃斯克威奇(Norman Waskewich)后,接着说,"尼克会帮助他们集中力量抓增长。"

达马托越说越来劲。"辛尼根管理与博尚客户的美妙结合,这将是一场本垒打,是一记扣篮。他们一定会学会我们早已熟知的道理,要么发展,要么死亡。他们也会发展的。"

会议一结束,达马托就指挥起来。他一个手指头直指尼克说:"现在你有三个任务。第一是在三年内将博尚的利润成倍增长,第一年增长20%。裁减一些人员,我们的人补充进去。第二是在博尚不能有剧烈动作。媒体和分析人士都盯着我们这笔买卖。第三是我想要他们的大客户群,这样可以推销我们的产品。而且我希望曼斯菲尔德做我的引路人。如果他开始起步了,其他人也会行动的,那么我们的销售也就随之启动了。如果曼斯菲尔德开始行动,你就要紧随其后,明白了吗?"

## 令人尊敬的博尚

这笔交易完成后不久,尼克很快就动身去了伦敦,与朱利安·曼斯菲尔德和其他高层管理者简单地见了一个面。大家客气地聊了聊博尚的老传统,以及两大公司间存在着"极大的合作前景",但是没有涉及什么实质性话题。

尼克计划一个月后再去一趟伦敦。辛尼根的财年就要结束了,他不能很快就过去。在随后的几个星期时间里,他利用闲暇好好地研究了博尚一番。毫无疑问,这个公司给人留下的印象是深刻的。博尚是一家异常稳定的公司。它的管理团队由16人组成,他们在公司一起工作的时间都超过了十年。公司有700名合伙人不停地从一个项目组调到另一个项目,处理大幅增长的业务,解决客户问题,或者把新产品推向市场。人员流动率仅为4%,经理们平均在公司工作21年。(相反,辛尼根的人员流动率为21%,公司经理们的平均任期为6年。)

朱利安·曼斯菲尔德全面主持这家公司,俨然是一个老式的大家长。他的头衔是常务董事,但是他就是博尚的代表。他是许多员工孩子们的教父。公司里的人敬仰他的商业意识和高尚品质。他的慷慨大度在慈善圈也是人人皆知。

正当尼克想着要跟曼斯菲尔德开始第二次面对面接触时,辛尼根的整合小组就开始迅速行动起来了。第一步,辛尼根的人力资源部主管通知博尚的人力资源部主管,博尚给每个员工都提供一笔丰厚奖金的计划不再实行了,取而代之是辛尼根的重奖计划,该计划是奖励取得高增长收益的高级经理。这一项改革就使得博尚员工的奖金减少了70%。

第二步,辛尼根关闭了多年来为博尚员工提供免费午餐的自助餐厅。午餐时间员工们要跑到外面去买外卖食物,大家都怨声载道。曾经在博尚工作多年的"餐厅服务员"被赶走了,她们仅仅拿了一笔少得可怜的辞退金,这让朱利安羞愧难当。

第三步,辛尼根的财务主管通知博尚的财务主管,现在采购和旅行要通过辛尼根的卖主。辛尼根已经与这些卖主签订过协议,在这些领域里的大宗买卖由他们负责,比如,采购办公室里的家具,或者飞越大西洋的机票。虽然通过这样的安排,辛尼根的成本降低了,但是却使博尚的成本增加了。因为博尚公司用的是当地的航空公司，机票也比较便宜。博尚的员工非常苦恼，这么一来，他们将终止与当地供应商长期合作培养出来的关系。

另外，在向客户提供信贷时，辛尼根现在要求经过许多道审批手续。这些审批手续涉及客户所从事的行业、合同的收益性、客户的工作地点和间接资产形式等等。以前，博尚的销售人员通常与客户交谈和握手来决定信贷交易。在新管理体制下，博尚接到了一个客户的抱怨，因为等待贷款审批的时间太长，使他丢掉了一笔生意。

朱利安和他多年的助手奥利韦亚·卡尔顿（Olivia Carlton）也都每天能听到大家的抱怨。博尚的员工要不停填写辛尼根要的新报告和新表格，而这些人从来不作自我介绍，也不解释这些表格有什么用途。辛尼根不停要数字，诸如：市场份额多少、竞争对手的数据、成本降低多少、生产率增长指数和风险分配情况，等等。

一旦大家正面接触，情况简直叫人害怕了。在尼克第二次去伦敦前的一天，辛尼根的一个财务审计员把奥利韦亚都搞哭了。"一个小时内把F-14报表传真给我，否则星期一早上我会让你难堪，让你的老板也知道这件事。好了，赶快去准备给我的报告吧。"

## 蜜月结束了

当尼克第二次飞抵伦敦跨进朱利安的办公室,这个老人站起身来,与他握手。他尽量做得热情一点,但无法掩饰内心的怨气。寒暄一阵后,他对尼克说:"让我问你一个问题。是不是辛尼根要刁难我?"

"天哪,没有这一回事,"尼克大吃一惊,接着问:"你是什么意思?"

"好吧,你能看出来,我个头不小,"朱利安回答道(事实上,他有六英尺多高),"你也知道,我出差太多,而且患有关节炎。刚才我的助手告诉我,我现在乘飞机去巴黎不能坐商务舱了。公司规定,没有我的顶头上司批准,我不能坐商务舱。这个顶头上司就是你,我猜得不错吧?"

尼克结结巴巴地解释,并向朱利安保证这个政策将作废。朱利安向窗外看了好长时间,然后转过身面对尼克。

"尼克先生,我们能帮助你们实现你们制定的这些荒唐的高指标。除非你们放手让我们干自己的工作,否则这是不可能的。"

"你是什么意思?"尼克问,他真是胡涂了。

"我会让你明白我的意思的,"朱利安说着打开了他的抽屉,拿出了一堆2英寸厚的传真件。"这是从你手下的人那里收到的标有'重要'、'紧急'、'越快越好'等标记的传真件的一小部分。你知道不知道做这些表格要浪费多少时间,又是多么愚蠢啊?"

尼克一眼就看出了大部分传真件里,有一些是管理方面的,比如,旅行中心问"新员工"是不是喜欢饭店里的禁烟房间?在飞机里喜欢什么样的座位,是靠近通道的,还是靠近窗户的?

有一些是程序方面的,比如,人力资源部要求所有的部属都要在 SEPR(Synergon Employee Performance Review,意思是辛尼根员工绩效表现鉴定)表格上填写绩效鉴定。但是表上没有解释是什么意思。还有 S-EEO-1 表格要求用种族、性别和级别对员工进行分类,在英国压根儿就没有这回事。

有一些传真件是财务方面的,比如,B-52s 的意思是后三年的增长计划,M-16s 的意思是过去 12 个月的成本降低报表。

统统加起来,这些是来自辛尼根的 14 个不同的人发出的几十个要求。尼克都习以为常了,辛尼根的经理们星期天下午就在家里干这个活儿。

"我会尽力的,"尼克回答道,"我会派一些人来帮助你解决这些问题。但这是我们的工作方式。"

朱利安眯着眼睛,无法掩饰自己的怒火。他说:"我知道这是你们的工作办式。但是,如果你们的工作意味着把我的公司搞得一团糟,那么我们两家都会有大麻烦了。我真搞不清楚你们'不会干涉博尚的经营'的定义到底是什么意思。"

稍作停顿,他继续说:"你知道,尼克先生,你看上去是一个好人。但是这种做法太无理了,我无法容忍。让这些你们称之为审计师的毛头小伙子来侮辱我的助手,说实话,我是不能无动于衷的。我夫人前一两年就劝我退休了,我现在要说,这个主意现在听起来还是蛮吸引人的。

"我有一个建议。今天剩下的时间里你不如去休息休息?这样可以倒一倒时差。Tate现代艺术馆有萨金特画展,你也许会感兴趣。如果你想去看演出,卡尔顿小姐也许会帮你搞到票。为什么不先睡上一觉,明天早晨我们见面再谈公司的未来呢?"

兼并博尚公司还有希望吗？
尼克应该如何准备明天早晨与朱利安的见面？ ……

比尔·保罗
J.布雷德·麦吉
吉尔·格林撒尔
戴尔·马茨查勒
丹尼尔·瓦斯拉
艾伯特·J.维西奥

## 比尔·保罗

比尔·保罗（Bill Paul）是玳尔科技咨询公司（DelTech）的合作伙伴。这家公司是兼并组合方面的专业公司，位于康涅狄格州的埃文市（Avon）。

尼克·坎宁安的问题是辛尼根的优势在于兼并新公司，但在融合这些新公司方面却做得很糟糕。这两大任务之间有着天壤之别。

只有当兼并的目标是壮大两个公司的时候，同化才能起作用。在这个案例中，兼并交易本身是一项主要工作。一旦交易结束，剩下的任务就简单了：对待被兼并公司就像对待一个买主。在有些案例中，扩张性兼并意味着冻结有形资产、生产线或者绩效高的部门，而不管其他事情。在任何情况下，被兼并公司的组织文化都是不足道的，因为它可能是导致不良绩效的原因，而不良绩效导致了被人并购。对公司的人员来说也是一样。唯一的选择就是要么适应，要么离开。

对于战略性兼并、合资或者合并中，同化是起不到多大作用的，而需要的是整合。工作真正开始是在兼并完成之后。兼并的目标要么是创立一个全新的公司，要么维持分离的独立实体但要优势共享。被兼并的公司要改变一些业务，保留其他的业务，并将一些业务转移到买方。组织文化是非常关键的，员工是最为重要的。买方应该保留被兼并公司的大部分员工。

  买方常常会忽略被兼并方的实际情况，对新公司进行强行同化。买卖结束之后，许多好心人会蜂拥至新公司，提出各种各样的要求和改革计划，试图改善它的商业表现以及与新的母公司之间的关系。结果造成了"堆积效应"。每个要求本身都是合理的，但所有要求堆积在一起会使被兼并公司瘫痪。长此以往，这种效应挫伤了人们为办好公司尽心尽力的积极性。在这个案例中发生的正是这种情况。博尚是需要整合，同时尼克也要改掉辛尼根一贯的同化策略。

  短期来看，尼克应该从辛尼根派来一个整合经理常驻博尚负责这项工作。博尚的人不知道辛尼根的人哪一个分量更重，也不知道什么工作是更重要的，所以他们会认为来自辛尼根的每一个要求都很紧急，甚至包括财务审计员要的F-14报表。这个财务审计员可能是公司里的新手，为了给老板留下好印象，就下发了那个表格。博尚的人不知道这个表格是要今天完成，还是下个星期完成，或者是不是可以把它放到废文档里？辛尼根来的整合经理一看就知道应该怎么应付。

  尼克还需要启动一个3C整合战略，即清晰明了

（clarity）、解决冲突（conflict resolution）、建立共识（consensus building）。

尼克必须把交易中的许多"不可以谈判"的东西理出来，向博尚公司解释清楚。它们主要是导致辛尼根这次兼并行动的财务目标。这里面包括博尚第一年的纯收益要增长 20%，三年内翻一番，还有裁减员工等。其他不可以谈判的内容还包括采用辛尼根的风险评估方法，博尚必须把自己的客户引介给辛尼根。

而且尼克还应该说清楚两家公司之间的不同，为什么存在这些差异。如果你要改变一个公司，而搞不明白为什么这家公司生意兴隆，那么你就会使被兼并公司的人心浮动，还要冒破坏该公司价值的风险。如果两个公司规模相当，这种误解就会导致公司文化大战，使财务目标无法实现。看看 AT&T 和 NCR 之间的交易就可知一斑了。而且如果买方实力较大，那么被兼并的公司就会遭到蹂躏。桂格燕麦公司（Quaker Oats）收购斯奈普饮料集团（Snapple）的时候就发生过此类情况，在目前这个案例中也是如此。

尼克能够防止这种误解变成灾难。为了建立起共识，他应该把两个公司的主要人物集中在一起，用几天时间深入讨论可以帮助两家公司的管理者理解各自不同的市场，以及不同的业务方式。如果这样做了，双方可以在现有的数据和对客户研究的基础上，形成一致认识，认识到今后几年市场需求的可能走向。如果辛尼根和博尚根据市场需求、竞争优势、组织程序之间的联系，建立一套业务模式，那么他们就能够解决这种体制冲突。

　　这种小组会议是非常必要的。如果尼克不能把双方的人集中在一起讨论市场需求，那么今后只能出现一个问题解决一个问题，这样两个公司同化的进程就会拖延下去，那么兼并工作就要受损失。还有一种情形，就是通过权力或政治一下子解决了冲突，这样做非常简单。换句话说，辛尼根会赢得每一场战斗，但是这样的买卖就违背初衷，没有意义了。

　　一旦达成广泛的共识，朱利安·曼斯菲尔德就有可能畅言特殊困难了，例如，他可能坚持认为博尚不可能三年内实现净收益翻一番的目标，也不可能遵守辛尼根的风险处理办法。原因何在？竞争对手会通过提供快速周转奖金，争夺客户。辛尼根的管理者们可能不同意，但至少双方可以进行通情达理的讨论。

　　最后一点要提醒，在上述这些措施产生作用之前，尼克必须把朱利安拉到他这一边，他必须善解其意，并对过渡过程走到目前这个地步向其表示歉意。作为回应，他必须从朱利安那里得到承诺，继续留下来，帮助尼克完成公司的过渡。如果这两个人能够开始相互理解，他们就能挽救这次兼并。

## J. 布雷德·麦吉

---

J. 布雷德·麦吉（J. Brad McGee）是泰科国际集团（Tyco International）的资深副总裁。该集团位于新罕布什尔州（New Hampshire）的埃克塞特（Exeter）。

---

在兼并一家服务型公司的稽核阶段，我第一次听到它的首席执行官这样说："我们的资产是长脚的。"她提到以人为本的服务型公司，它们都依靠个人的良好关系和独特技能。在这个案例中，她提醒我注意凝聚人心的组织结构。同样，这样的忠告也适用于辛尼根对博尚的兼并行动。

很显然，这个兼并行动对于辛尼根来说是一个非同寻常之举。它的成功不能单单依靠降低成本，还要依靠增加收入。要做到两全其美是很困难的，因为有两个原因。第一，要向同一客户销售增量产品，要求他们改变经营行为。第二，准确预测收入增长幅度不是一件容易的事。预测在这个案例中可能会被夸大。虽然如此，这次兼并还是有挽救的希望。

我参加过几十起兼并工作。以我的经验来说，即使一个公司经营得再好，其中还是有许多值得改进的地方。我给尼克推荐下面几种做法：

让朱利安·曼斯菲尔德参与解决问题，而不是制造问题。朱利安已经明确表示，他愿意帮助辛尼根完成它的"高得荒唐"的利润目标。至少在短期内，尼克应该明确让朱利安负责博尚，允许他创造和拥有自己实现辛尼根目标的计划。在兼并前，他可能会为辛尼根勤奋工作，接受他们的财务目标。而且，他明知自己将在辛尼根的领导下工作，他还是同意了两个公司的合并。

置朱利安于有吸引力的、自负盈亏的激励计划中。如果朱利安是一个优秀的管理者，他会运用新手段增长收入和降低成本，以实现具有挑战性的自负盈亏目标。这些手段包括扩大产品范围，采用辛尼根精简的经营理念。即使在经营良好的被兼并公司里，大幅度降低成本的机会还是存在的。博尚迫切需要的也许是一个计划周密的激励计划。最后，朱利安采用何种手段实现目标还会那么重要吗？

派一名辛尼根的财务人员进驻博尚。博尚的财务总监务必是了解辛尼根的人。这个举动的重要性怎么强调也不过分。安排这样一个人有两个好处。一是这个了解内情的人可以监视博尚的财务状况、完成目标的进程以及它的组织活力。二是让朱利安直接了解他应该怎样融合这两个公司。财务人员通常能胜任这项工作。人们一般认为他们不会构成威胁,他们常常还能了解公司的经营情况。

密切监视朱利安的表现。稽核小组非常擅长于摸清楚收购目标的财务、法律和环境方面是否良好。尽管如此,它仍然不能揭示凝聚服务公司的人际关系。在这个案例中,就很难评估朱利安对博尚后续成就的价值所在。尼克应该把兼并后三个月到六个月的这一段时间作为评估期。(在这个阶段,财务人员的作用是非常关键的。)而后,辛尼根是否还有必要把朱利安留在董事会,这个问题就非常明朗了。

摈弃官僚主义。辛尼根的官僚主义只会成为博尚的负担。事实证明它会挫伤士气。

到目前为止,这个案例中比较迫切的问题就是尼克和朱利安之间预定的会面。尼克应该向 J.J.达马托简要汇报一下上述的行动计划,让达马托推荐一个进驻博尚的财务人员。尼克还应该再思考一下这个计划,做到能够清楚地表达,而且还要为计划的每一个部分准备好支持论据。

在会谈中,他应该让朱利安相信,由他负责实现博尚的挑战性目标,而且向他保证实现或者超越这些目标,就会得到重奖。同时,他必须告诉朱利安,辛尼根能帮助他的办法。还有,他必须让朱利安同意他的管理团队接纳辛尼根的一名财务人员。

我经历过的此类会谈都比较顺利。虽然,人们通常都不太情愿进行改革,但是他们也明白,不管他们说与不说,被兼并意味着放弃公司的所有权和控制权。

## 吉尔·格林撒尔

吉尔·格林撒尔（Jill Greenthal）是纽约帝杰证券公司（Donaldson，Lufkin，and Jenrette）的常务董事。在 TCI 与 AT&T 兼并过程中，她是 TCI 金融投资方面的领军人物。

辛尼根的高层管理者都知道，他们"不会干扰博尚的经营"。但是不知何故，交易结束后，这个想法也就抛到九霄云外去了。尼克现在的任务是为了区别对待博尚，他要得到辛尼根内部的支持。这不是件容易的事，因为辛尼根的领导人对兼并已经形成了一个固定的套路，而且这个套路他们用得非常成功。但是，这一次他们兼并的是一个好企业，不是一个烂企业，这一点他们必须要意识到。

他们不能光嘴上说说，而是要从行动上认识到，他们兼并的公司是受它高层管理者人格影响的，尤其是朱利安·曼斯菲尔德。问题在于，博尚的资深员工从公司的出售中得到了一大笔钱，这些人经济上得到相当的满足，辛尼根要想得到他们的帮助和支持是非常困难的。许多收购公司都认识到交易结构中存在的这种问题,如果能实现目标,他们会在两到三年中,给高层管理者支付这笔钱。如果辛尼根没有考虑到这个问题,就应该赶快行动起来,支付巨额奖金,让朱利安和他的高级管理团队成员留下来。

其次,辛尼根必须重新审视重组机制。它不能完全不管不问博尚的经营情况,也不能插手业务的每一个环节,必须找到其中的平衡点。例如,对了解博尚的利润、财务报告和信贷风险,辛尼根负有法律责任。但在其他方面,如采购、员工福利等事务可以留给博尚处理。公司总部的人飞越大西洋来到英国不能以恩赐的态度对待被兼并公司人员,这种态度于事无补。那种态度表明辛尼根认为它兼并的又是一家倒闭的公司,准备打破它的旧结构,建立一个全新的体制。

迄今为止,尼克还没有真正做好自己的工作。但是,他可以采取几个步骤避免失败。实际上,尼克必须充当或者委派一个裁判,帮助两家公司相互理解,以推动整合工作的开展。

为达到这个目的,他必须说服双方用新思路考虑问题。他必须说服辛尼根总部相信,不打破成规,并购计划将会落空,例如,不是公司里的所有表格对博尚的未来成功都是至关重要的。而且,他应该在公司高层为朱利安说话。他是唯一能体察朱利安疾苦的人,而且他能恰如其分地说出这些疾苦。

同时,他应该让朱利安相信,他将站在博尚一边,减少目前官僚作风造成的不快。然后,他应该转向利润这个严重问题。朱利安看起来已经了解了目标,而且还表示博尚可以实现辛尼根"高得荒唐"的利润目标,这是一个大有希望的信号。

朱利安同意代理销售辛尼根的产品是至关重要的。要是包括朱利安本人在内的博尚的员工得不到经济实惠,那么,要实现代理销售是不可能的。尼克和朱利安必须制定一个完备的计划,包括赔偿改革、代理销售奖励,如何保留客户和员工等等。如果博尚的员工得不到辛尼根的股份,那么这个疏忽应该纠正过来。

在交谈过程中,有一点非常重要,那就是尼克必须向朱利安传递这样的信息:要成为公司团队的一分子,他应该做那些事情。同时,朱利安终究是要退休的,他们应该着手为其退休做好安排计划。他们是不是应该考虑一下博尚新的管理梯队?或者应该从辛尼根调配人员来学习博尚的业务?要把这些问题提到日程上来,而且宜早不宜迟。

如果尼克能说服辛尼根的高层管理不要杞人忧天,如果他能在重组进程中稳住朱利安,那么博尚的未来就有可能是一个既保持增长,又保持传统的美满结合。

## 戴尔·马茨查勒

戴尔·马茨查勒（Dale Matschullat）是纽魏尔公司（Newell Company）的副总裁及法律顾问。该公司位于伊利诺斯州的弗里波特市（Freeport）。他负责监督公司的兼并整合工作。

以我的经验看来，与组织别人干活相比，自己一个人干活比较容易。辛尼根发生的事情说明我的经验是正确的。

如果我与朱利安·曼斯菲尔德见面，一开始我就会告诉他，我欣赏他完成辛尼根预算的决心。我会让他知道，虽然我们必须接受公司的预算和战略目标，但是完成这些目标最终还是要由他负责。

下一步，我会请朱利安为公司制定一项战略计划。这个计划的落实情况至少每年要检查一次，而且检查内容还应该包括以下几个方面：一是市场分析、竞争对手的力量评估以及利用他们弱点的计划；二是增强博尚力量和克服其弱点的计划；三是对战略机遇的探讨；四是有效推动代理销售的计划。战略计划实质上不应当包含具体的利润指标。

然后,我再请朱利安为下一个年度准备一个包含具体细节的预算计划,提出公司要完成的销售和利润指标。这个计划要与和我以及辛尼根的其他人协商,计划的基础必须是对销售的真实预测。一旦这个计划通过了,这些目标就必须实现。

让朱利安的团队准备这些文件是非常重要的。只要朱利安让辛尼根总部接受了他的观点,他就会重新策划博尚的未来。辛尼根有资本实现他的设想。

接着,我会进一步与他讨论公司文化之间的巨大差异。我会告诉朱利安,我将把一名高级别的辛尼根经理派驻博尚,他可能就是公司的财务监督员。这个代表将成为博尚高层管理者的一员,他负责处理内部运作和控制成本。在管理销售增长和客户关系方面,朱利安拥有自主权。他和公司代表将糅合这两种公司文化。

辛尼根所有的加急电文将直接送到总公司的新代表那里。如果还有问题,我会对朱利安这样讲:"我不仅是你的老板,而且还是你的保护伞。你对博尚的成功负责,只要你作出成功的举动,我们会放手让你干。我保证做到这一点。"

我还要集中精力考虑朱利安对退休问题的暗示。最理想的还是由朱利安经营博尚。但是,如果他心里想着退休,不能专心致志地抓公司的整合,那是不能接受的。我会提醒他,辛尼根额外付给了博尚一大笔钱,部分原因就是公司尊重他所作出的贡献。辛尼根认为他有思想、有胆量、有经验,更有精力推动公司发展。无论如何,除非朱利安付出100%的努力,否则,辛尼根是不会向他提供所需资金的。

朱利安必须理解,虽然辛尼根咄咄逼人,但却揭示了一系列重要原则。它是一个利润至上的企业,它坚信精干分散的组织,各自为战,自负盈亏。

所以,如果朱利安想坐公务舱去欧洲,我会支持的。但是他的战略计划必须要有实质性增长。也许他会喜欢坐巴士,把钱省下来聘用另外一个设计师。这就由他去决定,但他必须为此负责。

好了,现在我们可以逐步引入辛尼根的红利计划。但是在辛尼根,奖金是薪酬中的一个重要组成部分。预算目标完成了,他们会得到奖金,这也是发奖金的唯一理由。朱利安必须找到新办法,在没有奖金计划的情况下,激励博尚的中层员工。

如果朱利安同意执行会谈中定下来的方案,辛尼根收购博尚可以少花好多钱。

## 丹尼尔·瓦斯拉

丹尼尔·瓦斯拉(Daniel Vasella)是诺华公司(Novartis)的总裁。这家公司是西巴—盖吉(Ciba Geigy)和山德士(Sandoz)合并后成立的。该公司位于瑞士的巴塞尔(Basel)。

尼克所处的处境非常不容易。他不得不管理一个连自己都认为不可行的被兼并公司。他的顶头上司既不理解，也不重视两个刚刚合并的公司之间的文化差异。而且他监管的被兼并公司的常务董事以往经营相当成功，现在已经接近退休年龄，没有推动改革的动力了。

尼克有两种选择。一个选择是，他可能把辛尼根的文化，包括把它的战略、业务流程和人员强加给博尚。另一个选择是，他可以帮助朱利安·曼斯菲尔德在合乎情理的环境中，找出一种经营办法。第一个选择实际上是不可行的。那样的话，朱利安会离开公司，尼克会被解雇，兼并计划宣告失败。所以，尼克必须保证，他和朱利安要形成共识。

明天的见面，尼克应该带着处理危机的思想。他一定要稳定大局。他必须让朱利安同意采取补救行动，还有他要承诺留在公司至少六个月。我建议六个月是因为我认为朱利安在这种情况下是不会承诺更长时间的。一旦尼克确定了他是一个非常讲信用的人，那么他就可以在今后的日子请求朱利安留在公司里更长的时间。

我建议尼克应该采取下面几个步骤。第一，要有相互尊重的意识，他必须承认朱利安和博尚过去取得的巨大成就。第二，他必须描绘一个引人注目的蓝图，让人们看到博尚有望成为辛尼根在欧洲的业务旗舰。朱利安必须心悦诚服地认为在某些方面博尚的未来会比过去更好。第三，尼克必须向朱利安解释清楚，辛尼根这次兼并计划的最初动因不仅是要在欧洲得到一块立足之地，而且要把辛尼根的产品介绍给博尚的客户。我不敢肯定朱利安是否理解了这些。第四，尼克必须承认存在的问题，他有不可推卸的责任。他应该分清那些问题是最棘手的，需要及时纠正，朱利安需要如何解决这些问题。这就是说，尼克必须充分利用朱利安的经验，这样做就是承认他的能力。他应该赶快采取行动，这是非常重要的。

此外，尼克不能光跟J.J.达马托交流，还要跟辛尼根的首席执行官谈谈。这是一个大宗兼并计划，巨额资金压在这笔生意上。他应该要求上司正式批准采取补救行动，比如，公司要承诺，所有从美国发出的要求都必须经过他过目。还有，如果朱利安还没有见过辛尼根的首席执行官，尼克应该安排他们见面。

最后，为了解决短期的未尽事宜，尼克应该建议每两个星期检查一下工作进度，这项工作他可能通过打电话了解，也可以亲自去检查。这些步骤应该可以防止短期问题发展成影响并购计划的大问题。

长期来看，留给你解决的问题是应该如何把两个具有截然不同的文化的公司纳入同一个轨道上来。例如，我认为博尚不适合在欧洲发展辛尼根的业务。我更倾向于派一两个辛尼根的人到博尚去，归朱利安领导，由他们负责发展外部业务。

这个案例的教训是什么呢？当开始一桩兼并计划时，你一定要在所有兼并目标和所有关键战略上，形成完全一致的意见。你们都必须有通过合并增加价值的思路。你必须一定要认识到存在的文化差异。被兼并的公司的客户基础、经营策略和公司文化最终要顺应并购公司的一套做法。一旦对合并目标和关键战略达成了一致意见，那么你就必须尽快在责任、义务、授权和业务范围等方面达成共识，必须保持所有交流渠道的畅通。

## 艾伯特·J.维西奥

艾伯特·J.维西奥（Albert J. Viscio）是旧金山博思艾伦管理咨询公司（Booz Allen & Hamilton）的副总裁。他就兼并后重组问题提供广泛咨询。

在对新兼并公司的机械整合，以及战略价值整合这两个方面，辛尼根都犯了错误。

机械整合与现实情况不相符合。辛尼根正在使用它的标准组合程序。J.J.达马托的指导结果成了错误之举。裁减人员结果是适得其反。还有引进的增效措施也不是真正的效率，例如，博尚在飞机票方面花费得更多。

没有人能搞清楚"不干涉博尚的经营"到底意味什么。这是尼克的工作所要解决的问题。一边说"我们不管你们的事"，一边又关闭自助餐厅，这样做会引起误导和混乱。博尚的员工感觉到不是没有人管，而是管得太多太细。辛尼根为任何战略整合创造了一个非常不好的基础。

兼并是为了给两个公司增加战略价值，而不是为了降低成本。但是似乎没有人讨论如何增加战略价值。战略价值是不会自动增加的。尼克必须回答一个问题,辛尼根旗下的博尚应该是个什么样子?很显然,潜力还是存在的,博尚需要发展,辛尼根想得到富有的欧洲客户。但是这些共同的需要似乎没有成为整合工作的重点,它们应该成为工作的重点,而且是重中之重的工作。

本案例中缺少三个要素:愿景、组织架构、领导者。

辛尼根从来没有描绘过博尚的愿景,认为博尚不会再发展,这个思维模式是不正确的,即使把它纳入辛尼根的模式也不会起作用。没人对客户服务提出新的价值主张。做不到这一点,你就得不到这个公司。

就我们所知,没人谈论组织架构问题。博尚如何适应辛尼根?两个公司应该处于什么样的关系之中?代理销售的程序如何进行?辛尼根对经过检验的且一直行之有效的整合机制可能需要作进一步的调整。

最后一点是,尼克已经放弃了领导责任。他应该和朱利安以及博尚的高层管理者一起工作,描绘双方共同的愿景,建立双方共同的价值。但是,他没有花多少时间与这些人现场研究工作和问题。这些人被各种各样的表格搞得苦恼不堪,却见不到他一面。尼克应该确认并建立他在博尚的领导地位,与大家建立合作伙伴关系,激发对公司未来的憧憬。

所以,尼克面对着一个大问题,那就是兼并行动已经脱离轨道。今天晚上,他应该去看看演出。然后,他应该想想取得共同认识的办法，拿出让朱利安和辛尼根的首席执行官都满意的愿景。为了达到这个目的，他应该让双方都明白，只有在市场上，而不是通过节约开支寻找价值。

他必须在博尚找到一个能协助他带领这场改革的人，而且他可能还要与他自己的管理层有一番交量。与朱利安交谈，并且为影响兼并的诸多问题担负责任，这是非常重要的。

此外，我还必须指出一点，如果把一桩买卖成功的希望寄托在一个高管身上，通常是不会成功的。为了理解其中原因，我们已经做了一些研究，答案是非常清楚的。当我们问一些高层人士，为什么在公司兼并之后他们会选择离开，他们的回答非常简单，他们没有继续呆下去的理由。

让我们面对这样一个现实。当你兼并一个公司的时候，用中子弹轰炸它，你不会冒太大的危险，因为你不需要它的人员。但是，如果公司的价值就依赖它的客户关系，到这个时候，你的手指头就不会按中子弹的按钮了，你反而会考虑说服被你兼并公司的员工为实现目标努力，这是一个更加艰难的过程。

## 案例六

# 他在等什么？

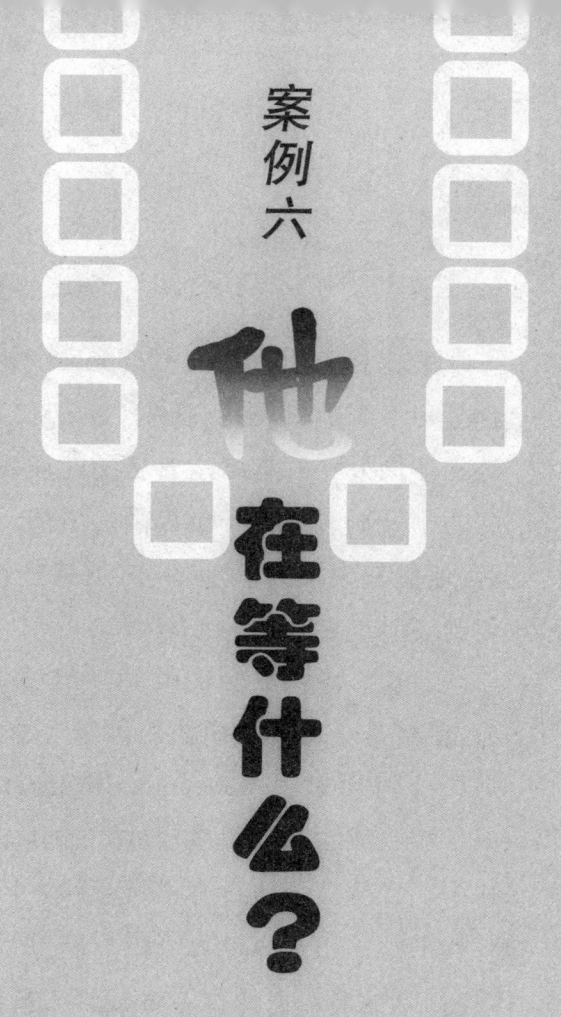

罗伯特·盖尔福特

## 案例提要

卡普提瓦（Captiva Corporation）是一家饮食公司。当道格·亚丘比安（Doug Yacubian）签约担任该公司的首席运营官的时候，公司权威部门的领导们对他寄予了极高的希望。但是，一年后，他们却尖酸刻薄地嘲笑，道格还没有弄明白他到底应该做什么。

在这个虚构的案例中，在来卡普提瓦公司之前，道格是一个升迁颇快的得意人物。他曾帮助马赛拉国际集团（Marcella International）建立一条相当成功的饮料生产线，在国际上获得丰厚利润。自从首席执行官皮特·泰勒（Peter Tyler）对日常经营越来越缺乏兴趣以来，所有外部评估指标显示，他是担任首席运营官的最佳人选。

道格上任一周，就发生了因为一起因卡普提瓦公司工厂的配方错误造成客户中毒的事件。道格亲自与行业报纸记者以及美国的批发商见面，以平息危机。但是后来的决定是泰勒应该自己采取这些行动的时候，正如一个部门主管所言，道格"有点退缩了"。

产品召回危机之后，随之而来的是不怀好意的股权收购风波，笼罩了公司长达六个月之久。那个时候，道格起草了一个计划，准备重新调整

**案例提要**

公司各级责任和部门领导，至少有一个董事对他已经不耐烦了。在董事会和管理层的一个休闲中心，董事们直接问他："这么长时间你为什么不拿出你的招数？"

道格很苦闷，他跟他的父亲说，他已经有好长一段时间没有像现在这样感到无能为力了。卡普提瓦公司到底出现了什么差错？四位评论员就此案提出了他们的观点和建议。

从卡普提瓦公司董事会和高层管理者的年度疗养地出发到机场，一路上车开得比较慢。辛西娅·斯皮德威尔（Cynthia Speedwell）和本·埃斯帕兰扎（Ben Esperanza）心情沉闷地坐在豪华轿车的后座上，不时地看他们的手表，心里想着如果错过了回家的班机应该怎么办。本一路上跟他的朋友和同事——卡普提瓦公司的部门主管在不断地发牢骚。他说："这样的话，等我们赶到机场的时候，道格·亚丘比安可能已经弄明白作为卡普提瓦公司的首席运营官，他应该干什么了。"

　　辛西娅挖苦得更是厉害。她回答道："你真的以为，我们赶到机场要花一年的时间啊？"他们暗地里笑了起来。但是辛西娅马上又严肃起来。她停顿了一会说，"你是知道的，我真的很惊讶，道格到现在还没有负责任何事情。我猜董事会也不会舒服的。究竟为什么泰勒还不放手让他做事呢？"

> 作为公司首席执行官的战略助手，作为公司新的企业力量，道格·亚丘比安一年里几乎没有什么作为。

自从道格·亚丘比安被任命为卡普提瓦公司的首席运营官,已经快一年的时间了。作为公司首席执行官的战略助手,作为公司新的企业力量,道格·亚丘比安一年里几乎没有什么作为。他来时公司对他寄予的极大希望,就像软饮料里的汽泡一样慢慢消失了。卡普提瓦公司的董事会成员和其他人已渐渐对他失去了耐心。

在被卡普提瓦公司聘用之前,道格在马赛拉国际集团是一个新秀。在不到五年的时间里,他帮助杰克·马赛拉(Jack Marcella)把相当成功的 BrewHeaven 饮料业务,从一个模糊的概念,变成一个有稳定利润产出的全球性产品。在马赛拉国际集团,道格管理团队、部门和设备。随着 BrewHeaven 的成长,他成功地把各自不同的内部职能,统一成一个协调一致的整体。但是在马赛拉家族宣布,马上要把公司出售给一家英国企业 Drink-masters 之后,他就开始寻找其他发展机会了。他在饮食行业的口碑极高,他精通开发全球性品牌的门道,被大家看作是一个技艺高超的业内人士。他名声在外,是非常适合担当卡普提瓦公司第二号人物的。

在猎头公司的代表卡普提瓦公司找到他以后,他跟公司总裁兼首席执行官皮特·泰勒以及招聘委员会的其他成员都进行了几次深入的交谈。最后的决定都是双方比较容易接受的,卡普提瓦公司的机会对道格来说是比较理想的,而且道格对招聘委员会来说也是比较理想的。

## 皮特·泰勒旗下的卡普提瓦公司

泰勒不是一个浮夸的领导人。大约一个世纪以前，卡普提瓦公司作为奶酪制造商成立以来，涌现出了一批有名的具有改革能力的首席执行官，他就是其中一员。所有卡普提瓦公司的首席执行官都坚信，过去公司行之有效的做法不可能将来也一定行之有效。他们把推行改革看作是自己莫大的责任。因此，卡普提瓦公司善于对自己再投资，不管是在公司内部，还是在外部。

在泰勒的领导下，卡普提瓦公司的改革意味着增加几个知名的适应全球化的品牌。在他任期的头几年，卡普提瓦公司主要由乳制品、食用家禽和预制食品三个部门组成。后来，卡普提瓦公司开始扩张，并购了一些知名品牌，如冷冻食品、果汁和面包食品。虽然人们开玩笑说，这个脾气温和的首席执行官"从来没有碰到过他不喜欢的品牌"，但他们非常尊重他在挑选具有成功潜力品牌的判断能力，这些品牌都是成功的，将与卡普提瓦公司的其他生产线形成互补。

但是正当卡普提瓦公司的品牌组合开始扩张的时候，泰勒对公司的日常经营已变得越来越没有兴趣了。他撒手不管具体事务，就需要在公司高层设立一个新行政人员的职务。公司权威部门领导向泰勒汇报，明确表示需要一个人来管理公司内部经营。机构设计顾问在高级经理们、董事会和泰勒的帮助下阐述了首席运营官的职责。

广义上说,首席运营官这个职位将逐步接管公司的人力资源、财务和行政等部门,而且最终也要负责管理某些品牌。首席运营官这个职位还可以合理调整内部生产能力和监督安装公司范围的信息系统。对这份职位说明书在任何地方都没有提到过,首席运营官可能接泰勒的班。泰勒至少要等15年才退休。

在明白公司没有合适人选之后,一家猎头公司帮助招聘了道格。招聘会上他的表现非常好,关于如何做好首席运营官的工作,以及适当的改革步伐等问题,他都给出了明确的回答。道格在回答这些问题之前都要加上一段前言式的评论:"这个问题使我想起了我在BrewHeaven遇到的情况。"招聘委员会私下里议论,其实情况并不一样,因为马赛拉和卡普提瓦公司并不相似,不过招聘委员会觉得他的回答从概念来说还是合理的。在他们看来,似乎他会把BrewHeaven的某些管理诀窍带到卡普提瓦公司内部来。

首席运营官的职务确定之后,泰勒的职责没有发生变化。但是许多高层管理者、董事会以及泰勒本人都认为可以把实际责任委派给道格。在招聘委员会决定任命道格的会议上,泰勒说:"过渡应该相当平稳,因为这个人急于改变现状,而且越早越好。"

# 艰难的开端

　　由于寄予了极高的希望，所以卡普提瓦公司在六月份的第三个星期就聘用了道格。不幸的是，就在这个星期，爆发了公司历史上最大的危机，这也成了头条新闻。因为卡普提瓦公司的一个生产工厂搞错了配方，导致好几个客户严重食物中毒。卡普提瓦公司立即召回了产品，并且发动了一场声势浩大的宣传活动，目的是挽救这个品牌。因为这个事件发生在道格刚上任一个星期，所以他在协助处理危机的过程中难以有所作为。另外，泰勒是卡普提瓦公司的公众形象，所以除了皮特·泰勒，任何别的人出面处理都是很不合适的。

　　"产品召回和其他一切不顺心事情发生的时间对道格很不利。"本·埃斯帕兰扎说这话的时候，轿车驶出了州际公路，开往机场。"但是即使这样，他可以表现得更为主动一点。还记得他要去会见行业报纸记者，以及去拜会美国批发商的情形吗？这些主意都很好，但是一旦摆到桌面上，就似乎成了泰勒分内的工作。从此之后，道格就有点退缩了。"

　　"我不知道，"辛西娅说，"他不可能在上任的第一个星期就摆出'这里由我负责'的架势。在危机发生前,他和泰勒可能都没来得及坐在一起好好谈过。他们花了四个多月的宝贵时间才得出结论,而且这一年中其他时间也是麻烦不断。现在看来,他们似乎还是没有太大的进展,不是吗?"

本摇摇头,继续说道:"辛西娅,你是知道的,能把泰勒和道格拉到一起行动,你是为数不多的人选之一。我敢肯定,他们都听你的。你资格老,而且在聘用道格过程中发挥了关键作用。"

## 与此同时……

在同去机场的另一辆车中,道格·亚丘比安坐在后排座位上,用手机给他父亲打电话。他父亲是一个公司的退休律师。"我不知道他们的期望是什么。董事会的一个成员在疗养中心讨论起我的问题。他说他认为,到现在为止,我应该担任一个更为积极的角色。我说我认为尘埃总算落定了。我看了一眼皮特·泰勒,他看上去很懦弱的样子,他点点头。那个董事会成员摇摇头,说:'这么长时间你为什么不拿出你的招数?'"

"我尽量心平气和地提醒他,产品召回危机之后,泰勒请了三个星期的假。接着就是第四季度的消防训练,每个人都投入了很大的精力,特别是因为召回严重影响了全年的销售利润。后来就出现了恶意的股权收购风波。我和泰勒都不能底气十足地说:'嗨,让我们着手组织变革吧,即使我们身处击退股权收购的风波之中',我们能这样说吗?那样一折腾,大约六个月的时间就一晃而过了。"

父亲打断他说:"你有没有提醒过他,你并不是没有事干,闲得无聊只得数指头?你是努力在召回危机中承担责任。但是泰勒认定他自己应该扮演更多的角色。几个星期前,你告诉我,你很满意ERP的实施情况。你还关闭了生产工厂,是吧?你有没有把这些工作说出来?"

"没有,"道格回答道,"那个家伙就盯着我,好像我是在找借口,所以我什么也没说,保持沉默。"

道格的父亲大声笑了,讽刺他说:"我猜想,如果你说一开始就让你处理这种复杂情况,也为难你了,听起来就像是发牢骚了。还记得你的电子邮件和电脑出的问题吗?所谓的资源整合本来就不切实际,并且你的助手对这个公司了解得比你还要少。"

道格暗自发笑。"泰勒了解所有情况。我第一次参加董事会的时候,他就对我说,头一年不要希望太高。要建立一些关系,学学窍门,熟悉情况呢!而且,我们谈话的时候,他好像对他的表现很满意。但是,我周围的人,还有董事会似乎从他那儿没有得出这样的印象。"

"令人沮丧的是,我还得准备回去之后,跟泰勒谈谈重新调整公司职责的事情。实际上,在去疗养中心之前,我就起草了一个计划。我本应该在到这里之前,就这个计划跟他详细交流一下。这样做可能有助于避免今天我们所面临的一些尴尬局面。现在好了,好像是针对董事们的怨言才起草这个计划似的。"

两个人都沉默了一会儿。道格的父亲说:"好吧,你不能就此消沉下去。"

"我知道,"道格说,"但是,我好长时间没有像现在这样感到无能为力了。我也不是疑神疑鬼。相信我吧。辛西娅·斯皮德威尔是部门经理,也是招聘委员会的成员,散会的时候,她看我的眼神都怪怪的。希望我能知道她心里是怎么想的。"

道格的父亲只对他说:"我的天哪,你为什么不问问她呢?"

## 悬而未决

道格和辛西娅、本同时到达机场。碰巧的是,道格和辛西娅在飞机上坐在一起。他们聊了聊塞车的事儿。后来这个话题打住了。最后,辛西娅面对道格。她问:"我能问你一个不太礼貌的问题吗?"

道格笑着说:"当然可以。"

"为什么你和泰勒共事有这么多的麻烦呢?"

卡普提瓦公司出现了什么问题，以后还会发生什么事情？ .......

津坂美纪

马克·史密斯

弗雷德·K.福克斯

乔治·霍尼格

## 津坂美纪

津坂美纪（Miki Tsusaka）是波士顿咨询公司的副总裁兼董事。她负责公司的消费品和零售业务，以及公司在纽约的电子商务。

在这个案例中，谴责声一片。让我们从道格·亚丘比安说起。他应该知道，对受聘的首席运营官来说，不可能有过渡期或蜜月期这样的好事。（很少有健康的公司从外面找高级人才。）没有人希望他第一天就进入他们的圈子，并且执掌领导权。但是他应该向所有的新委托人，例如他的顶头上司、部门主管、董事会、首席执行官以及全公司，展示和推销他的理念。实际上，危机局面是个好机会，他可以与客户和批发商见面，以建立新的领导地位。他不应该向父亲哭诉，而必须采取行动。

对于董事会的抱怨，皮特·泰勒也是有一定责任的。很明显，他很舍不得把孩子交给一个陌生人照看。如果他对过渡工作感兴趣，当他把道格引进董事会的时候，就应该向公司说明，要明确新的首席运营官的职责。既然卡普提瓦公司平安度过了危机，泰勒就要作好放权的准备。但是过渡不是自动实现的，他必须带头消除公司上下对道格的误解。

泰勒和道格都犯了错误，但是高层管理者和董事会也不是无可指责的。滑稽的是，管理团队成员都没有就这个局面相互交换过意见。不幸的是，危机和反馈迟钝是管理层中的通病，但不是他们无所作为的借口。高层管理者的每一个成员，包括辛西娅·斯皮德威尔都应该从一开始就明确界定和讨论新的首席运营官的职责，如何使他尽快进入角色，但是他们都没有这么做。

既然已经造成了伤害，辛西娅可以帮助将工作恢复到正确的轨道。她需要首先听听道格的想法，然后再听听泰勒的。跟他们谈过以后，她可以为下一步工作，列出一个"工作清单"，具体如下：

1. 直接地、不加评论地向首席执行官和首席运营官解释，公司里的人如何看待目前的状况及其原因。对她在这个过程中所犯的错误也应该承认："很抱歉没有及早提出这个问题。"

2. 看看泰勒和道格的反应。道格是不是明白为什么人们对他付出的努力不领情？泰勒是不是明白为什么人们对他选择的首席运营官不满意？他是不是希望对道格的任命能发生作用？他是不是相信他能发挥作用？

3. 与他们一起见面，为泰勒和道格列出行动清单。

第一步是向公司公布迄今为止一年来的工作、成绩和方法,目前工作的重点有哪些。清单的重点应该放在切实的目标上,要注重交流和反馈。如果泰勒和道格就如何开始工作不能达成一致意见,或者如果泰勒对道格的能力失去信心,辛西娅可以帮助首席执行官作出选择,是让首席运营官在一个有限的时间里继续施展才能,还是立即辞掉他以减少损失。

4. 开展包括管理团队在内的广泛讨论。辛西娅应该与道格和泰勒一起创立一个自由交流的渠道。管理团队必须回答几个问题,比如首席运营官和首席执行官之间是什么关系?首席运营官如何与部门主管合作?领导团队如何产生?如果出现意见不一致,谁来主持公道?卡普提瓦公司改革的职责如何划分?随后,管理团队要向董事会提交一个明确而积极的仲裁报告。

5. 向泰勒明确指出,首席执行官最终有责任向人们保证,来年绝不能重蹈覆辙。他需要在董事会面前树立信心,这样他和其他高管成员就不会在下次会议上不堪一击。

如果卡普提瓦公司的领导能采取以上步骤,他们就会消除过去一年公司里持续蔓延的混乱和互不信任的情绪,而且,他们也会为公司创造一个自我改革的良好环境。

### 马克·史密斯

马克·史密斯（Mark Smith）是一家全球性人才招聘公司美国光辉国际公司（Korn/Ferry International）的常务董事。他是波士顿办事处的负责人。

在这个案例中，董事会和高层管理者都不清楚他们的目标是什么，也不知道他们面对什么情形。首席执行官告诉道格，第一年主要熟悉情况和建立关系。同时，董事会和高管成员又需要政绩。但是他们知道是什么样的政绩吗？卡普提瓦公司以前从来没有首席运营官。有的人认为，道格会把他过去在BrewHeaven的企业精神带点过来。但是想用副手的首席执行官倾向在本公司找土生土长的人来担任，虽然，他们会稍微放慢业务速度，但是知道如何垒砖粉墙。他们不想要头脑太活或者步子太快的人。

问题是，卡普提瓦公司的主要成员，如首席执行官、董事会和管理团队，在对新首席运营官的期望上没有形成一致意见。

从道格的角度来看，他也许已经犯了严重的职业错误。以我看来,公司的庞大和复杂迷惑了他,使他产生了错觉。

道格在马赛拉的成功可能是他的前任首席执行官卓越管理能力的结果。我猜想,杰克·马赛拉是公司的驱动力,道格只是执行者,不是创造者。而卡普提瓦公司是一家更为复杂、涉及更多生产线的公司,他现在不仅仅要跟着别人的计划走,而且要做的工作更多。

这两个公司是截然不同的。我想,BrewHeaven 有点相似于 Nantucket Nectars 饮料集团,找到一个市场,开发一个品牌产品,然后建立一个企业。这个公司可能没有脱离它的轨道,发展也很快。另一方面,卡普提瓦公司是一家老字号公司,建立了不断变换的生产线,它必须不断地改头换面,而不是从零开始。对于在卡普提瓦公司体会到的复杂程度,道格可能还不太熟悉。

这个案例还涉及到了权力问题。即使你拥有首席运营官的头衔,没有权力你就发挥不了作用。只有三个途径获得权力。要么别人给你权力,明确界定你的授权范围,要么通过咄咄逼人的举动或者发动宫廷政变,攫取权力,或者你幸运地等到某人过世了或者离职了。但在道格的案例中,上述情况都不会发生。

一年的动荡以及一次难熬的董事会之后,道格感觉到自己已无招架之力了。他对自己也失去了信心。他越是这样想,就越感到自己受到了攻击。

下一步该怎么办？道格的压力肯定很大。扭转局面可能难度也很大，但是道格应该努力一下。他可以从争取辛西娅支持他的某些工作开始，把它作为总体计划的一部分，在一些关键人物中培养信赖感。通过与他们接近，拉近与他们的距离，也许他能够得到他们的忠心。

道格确实需要打几个干净利落、马上见效的漂亮战，以便对整个公司说："看看我的成绩吧。"他必须乐于进行冒险：请求原谅，而不是认可。这可能要以丢掉工作为代价，但是这是他能够快速赢得大家尊重的唯一办法，反过来，如果不进行冒险，倒是有可能丢掉工作。

关键在于道格要有可以衡量的成果。双方必须明白如何以及何时评估他的绩效。在这个案例中，应该有这样的共识，"在作为首席运营官加入卡普提瓦公司的 12 个月之内，我将完成以下五项任务（后面可以列出五项任务）……；我将希望有资源、预算和人员实现这些目标；我工资的 50% 将基于这些任务的完成情况。"

如果道格能从几个重要胜利中赢得信誉，他也许就能挽救自己。但是，这将是一场艰难的战斗。同时，我要劝告他，开始考虑另择他途。

## 弗雷德·K. 福克斯

弗雷德·K. 福克斯（Fred K. Foulkes）是管理政策教授，也是波士顿大学管理学院的人力资源政策研究所主任。

这里的问题是，公司的各方代表到底想要什么，是不清楚的。并且因为已经过去一年了，现在，道格必须搞清楚首席执行官想要什么，部门主管们期待什么，还有他能提供什么，而且要快。

先从皮特·泰勒说起。我们不知道他到底在想什么。也许他感觉到道格在干大事业，而且他在慢慢地熟悉情况。或者也许他在耐心地等待他更为主动的表现。还有一种可能，就是他根本就不想要一个首席运营官。可能是董事会给他施加压力，让他聘用某人的。他也许只是为了让董事高兴才同意的。实际上，他也许想参与每一个决策，想让每一人向他报告。

其他高管成员对新首席运营官的反应也是含糊不清的。本·埃斯帕兰扎和辛西娅·斯皮德威尔对道格过早"有点退缩"持批评态度。但是，似乎他们把他当成是同事，而不是上司看待。并且，因为他没有权威，部门经理们会说:"我不知道这人是从哪里来的,而且他的建议在我的部门也不管用。所以,请他到其他地方去混混吧!"但是,他们也许确实需要一个人来代表他们影响首席执行官。

道格是一个最奇怪的角色。真是搞不清楚,首席运营官的职位怎么符合他的利益。他没有机会接泰勒的班,那么他该何去何从呢?他的职业生涯就这么结束了?他想做一个部门经理,不过连这个可能也没有了。

当公司从外面引进一个高管人员,请一位教练是非常有用的。这个人要由人力资源部门来聘请,但是由被帮助对象自己来挑选。他能够向新的受雇对象提供信息反馈,帮助他更有效地跟老板、同事和部下合作。过去,公司雇用自由顾问训练身陷困境的行政人员。但是近几年来,许多公司开始聘请外部教练来帮助实现高层的平稳过渡。

道格向他的父亲述苦,他也应该听听辛西娅、其他部门经理以及首席执行官的意见,跟他们谈谈,交换看法。在这个节骨眼上,跟他的老板坦诚交流是非常关键的。另一条路,就是跟一些不耐烦的董事会成员谈谈。但是,这样做是非常冒险的,因为可能会对泰勒造成负面影响。这一招不到万不得已最好不用。

每个身处道格情况中的人都有过一段持续三个月到六个月的蜜月。接下来,人们就会问:"他到底干什么了？他的贡献何在？"一年到18月之后，他们常常会这样总结："唉，这个办法不合适。现在证明是行不通的。这个人不适应我们的文化。"而且，他们不得不赶走这个人。道格有面临这样厄运的危险。为了避免这种情况的发生，他必须弄清楚泰勒到底在想什么，还有他必须跟部门经理们建立起牢固的关系。他必须拿出成绩来，证明他有为公司增加利润的价值。他必须自己照照镜子，决定他真正想要什么，为什么他当初会在卡普提瓦公司担当这样的职务。

## 乔治·霍尼格

乔治·霍尼格（George Hornig）是私人投资家，曾任德意志联邦银行美国控股公司（Deutsche Bank Americas Holding Corporation）的执行副总裁。他住在纽约。

---

像道格这样的人进入一个公司担任首席运营官，他必须集中精力做好一件事情，那就是与首席执行官建立好关系。这是一门艺术。首席执行官必须喜欢这个新人，但他必须明白，不管喜欢与不喜欢，他都要允许首席运营官主动采取行动，并经营好公司。

泰勒和道格在产品召回过程中错过了一次机会。道格有一些好主意，泰勒应该让他去付诸实施。会见行业报纸记者也许泰勒是最合适的人选，因为首席执行官在大部分公司是处于最显眼的位置。但是，对首席运营官造访美国的批发商，泰勒应该给他开绿灯。这样给道格提供了一个做贡献的机会。当绿灯不亮的时候，道格作出了错误的决定，开始有点退缩了。

他还错过了其他的机会。在公司面对第四季度目标惊惶失措的时候，他应该肩负更多的责任。他应该找泰勒谈谈，跟他说："让我想想如何处理产品召回留下的后遗症，以及为了实现利润目标，我们需要做哪些工作。这些事情我能处理，也应该由我来处理。"这是道格与全公司的人合作，在部门之间建立威信的绝好方法。

这才是首席运营官的角色。部门经理们需要的是一个能解决问题的首席运营官，他对老板有足够的影响力，能解决问题。而且他们需要一个充当与首席执行官之间的过滤器。不过现在，部门经理们还看不到道格在董事会里有什么价值。他还有最后一次机会，要么深入情况，要么他可以完成负责的任务。

这个主张可能是组织再造。交给道格这项麻烦的工作，首席执行官可能不会介意。如果道格接受这项任务，并且在部门经理中间赢得声誉，成为一个大有希望、高效率的人，那么就得到了新的同盟军。另一方面，如果他没有能够把他们争取过来，不过他确实在建立关系上没有采取足够主动，那么他们就会忽视他的存在，直接去找首席执行官，道格将会像没有锚的浮标一样继续飘流不定。

道格的尴尬使我想起了劳伦斯·泰勒（Lawrence Taylor）说过的话，那时他正跻身职业足球名人堂。他说："跌倒了不要紧，可耻的是跌倒后不能站起来。"这位首席运营官跌倒了，现在我们试目以待，看他能不能让自己站起来。

他无疑可以向泰勒寻求帮助。首席执行官看起来不愿意跟这个新人共事。也许他害怕交出权力。但是,泰勒心里必须清楚,他仍然是卡普提瓦公司的对外形象,同时可以让其他的人处理公司的日常事务。这是公司的需要,也是聘用道格要做的工作。泰勒必须对公司说:"这是我的人,你们要听从他的指挥,跟他一起工作。"

## 案例的作者简介

# 案例的作者简介

**《哈佛商业评论》编辑团队：**

朱莉娅·柯比（Julia Kirby）：《哈佛商业评论》的高级编辑。

史蒂文·克尔（Steve Kerr）：纽约高盛集团的首席学习官。在2001年加入高盛集团之前，他在通用电气公司担任领导力开发中心的负责人长达七年，主要负责管理设在克罗顿维尔的领导力开发中心。

埃里克·麦克纳尔蒂（Eric McNulty）：哈佛商学院出版公司研讨部主任。

黛安娜·L.库图（Diane L. Coutu）：《哈佛商业评论》的高级编辑。

萨拉·克利夫（Sarah Cliffe）：《哈佛商业评论》的高级编辑。

罗伯特·盖尔福特（Robert Galford）：专门研究绩效、组织和职业生涯问题的咨询师。他还为专业服务公司以及在西北大学的凯洛格研究生管理学院（Kellogg Graduate School of Management）教授管理者培训课程。他住在马萨诸塞州的康科德（Concord）。